幸福の科学学園の
未来型教育

「徳ある英才」の輩出を目指して

大川隆法
RYUHO OKAWA

本鼎談は、2011年9月29日、幸福の科学総合本部にて、公開収録された。

まえがき

今、『幸福の科学学園』が熱い。日本の教育改革を立ち上げるべく、熱気でムンムンしている。

私は伸び盛りの子どもたちが好きだ。宗教家といっても、やはり本質は教育者なのだと思う。

現在、信仰を軽視する風潮《ふうちょう》の中で大人になった人たちが、日本を動かしているが、彼らには「決定的」に何かが欠けているように思えてならない。それは大学の幼児教育学でも、「人間は猿から進化したもので……」から授業が始まるのと同じ問題だろう。人間を神仏に見守られた尊い存在と考えなければ、いじめも、学級崩壊もなくならないし、ましてや、理想国家をつくろうと意欲する人材など育たないだろう。

「自助努力」の姿勢と「利他の精神」を持った「徳ある英才」が、今、育ちつつある。日本と世界を照らす光が、そこにあると信じている。

二〇一一年　十月十一日

幸福《こうふく》の科学《かがく》グループ創始者兼総裁《そうししゃけんそうさい》

幸福《こうふく》の科学学園創立者《かがくがくえんそうりつしゃ》

大川隆法《おおかわりゅうほう》

幸福の科学学園の未来型教育　目次

第2章　学園生たちの日々の姿《すがた》

第3章　理想の英語教育を求めて

第4章　新時代の科学教育のために

第5章　発展《はってん》・繁栄《はんえい》を目指す教育を

幸福の科学学園の未来型教育

二〇一一年九月二十九日収録

［鼎談《ていだん》参加者］

喜島克明《きじまかつあき》

幸福の科学学園中学校・高等学校（那須《なす》本校）校長。一九五九年大阪《おおさか》生まれ。灘《なだ》中学校・高等学校、東京大学文学部卒業。大手広告代理店勤務《きんむ》を経《へ》て、一九九一年、幸福の科学に奉職《ほうしょく》。

冨岡無空《とみおかむくう》

幸福の科学学園関西中学校・高等学校（関西校）〔仮称〕校長（予定）。一九六三年京都生まれ。洛南《らくなん》高等学校、東京大学経済《けいざい》学部卒業。大手エネルギー関連企業《きぎょう》勤務を経て、一九九〇年、幸福の科学に奉職。

※現在、関西校は、二〇一三年四月開校に向けて、設置認可申請中。

［司会］白倉律子《しらくらりつこ》

フリーアナウンサー。幸福の科学のラジオ番組「天使のモーニングコール」のパーソナリティーなどを務《つと》める。

第1章　幸福の科学学園の理念

1 徳《とく》ある英才を育てる

幸福の科学学園那須《なす》本校の「開校後の実績《じっせき》」

司会〔白倉律子《しらくらりつこ》〕　それでは、これより、「幸福の科学学園の未来型教育」と題して、公開鼎談《ていだん》を行います。

ここに、幸福の科学学園の創立者《そうりつしゃ》であられる大川隆法総裁《そうさい》をお迎《むか》えしております。

そして、栃木《とちぎ》県の那須《なす》にあります、幸福の科学学園中学校・高等学校校長の喜島克《きじまかつ》明《あき》さん、幸福の科学学園関西中学校・高等学校校長に就任《しゅうにん》予定の冨岡無空《とみおかむくう》さん、この三人で公開鼎談を行ってまいります。

どうぞよろしくお願いいたします。

大川　こちらこそ（会場拍手《はくしゅ》）。

喜島・冨岡　よろしくお願いします。

大川　まだ関西校が建っていないので、冨岡さんには気の毒ではあるんですが、喜島さんによる那須本校の宣伝《せんでん》だけではいけないでしょうから、話に割《わ》り込《こ》んでいただき、関西校の話を少ししていただきたいと思います。

冨岡　はい。ありがとうございます。

大川　今から取りかからないといけませんからね。関西校の開校まで、あと一年半ぐらいですか。

（司会に）何か準備《じゅんび》しています？

司会　ありがとうございます。

大川　（笑）はい。では、どうぞ。

司会　まず、話の導入《どうにゅう》として、開校から一年半ほどたちました那須本校について、現状《げんじょう》の報告《ほうこく》を喜島校長からしていただきたいと思います。

大川　ああ。そうですね。

喜島　はい。幸福の科学学園那須本校は、おかげさまで、昨年（二〇一〇年）の四月、今から一年半前に、「高貴《こうき》なる義務《ぎむ》（ノーブレス・オブリージ）を果たす、徳《とく》ある英才を育てる」という理念の下《もと》に設立《せつりつ》されました。

私たちは、この一年半、大きく三つの「教育の柱」を立てて運営《うんえい》してきました。その三つの柱とは、「高度な知育」と「創造性《そうぞうせい》の教育」、そして、それを支《ささ》える「宗教《しゅうきょう》教育」です。

特に、高度な知育におきましては、この一年半の間《あいだ》に、さまざまな成果があがってきました。

その一つは、「外部の模擬《もぎ》試験において、八十以上という高い偏差値《へんさち》を取る子が、一学期には一人だったのに、二学期には二人、三学期には五人と、しだいに増《ふ》えてきて、『入学してから学力が伸《の》びる学校』を実現している」ということです。

また、本当にありがたいことに、大川総裁の

幸福の科学学園那須本校の、希望の鐘とカフェテリア（中）、体育館（左）、校舎棟（右）。

全額《ぜんがく》ご寄付《きふ》により、高校一年生全員が、ニューヨークとボストンへの海外語学研修《けんしゅう》に行かせていただきました。

それを目指し、全生徒が英検《えいけん》を受けて勉強していくなかで、高校一年生も中学一年生も、一学年飛び級や二学年飛び級という成果をあげることができました。

高校一年生たちの七割が、一年生の間に、高校二年生レベルの準二級を取りました。また、中学一年生たちの八割が中二レベルの四級以上を取りましたし、三割は中学卒業レベルの三級以上を取りました。高校卒業レベルの二級を取った子も三人います。このように、特に英語教育において成果をあげてきています。

さらに、部活においても、テニス部は県で三位、チアダンス部は、中高ともに、関東圏《けん》の強豪《きょうごう》校も集まる大会で、準優勝《ゆうしょう》という成果をあげています。

宗教教育においては、おかげさまで、子供《こども》たちは、挨拶《あいさつ》が非常《ひじょう》によくでき、礼儀《れいぎ》正しい子になってきていますし、夢《ゆめ》を抱《いだ》いて志《こころざし》を立てるのが早く、その志に向かって着実に勉強を進めていけるように育ってきていると言えます。

新たな理念の下《もと》に一つの文化をつくることの大変さ

大川　「思いのほか、頑張《がんば》っている」と言わざるをえないですね。私は、もう少し大変かなと思っていました。

喜島　最初は大変でした。

大川　いや、大変だったでしょうけどね（笑）。ただ、東京と那須の間《あいだ》に少し距離《きょり》がある部分だけ、大変さが薄《うす》まって伝わっていたかもしれません。

喜島　ええ。

大川　初めてだったからね。うまくいくかどうかが分からないし、地域《ちいき》的な難《むずか》しさ

チアダンス部、
テニス部の生徒たち。

もあったからね。「生徒が来てくれるかどうか」とか、「よい教育ができるかどうか」とか、いろいろと不安材料はありましたよね。

喜島　そうですね。

大川　でも、けっこう、やるじゃないですか。

喜島　「生徒自身が持っている資質《しつ》が非常に高い」と感じています。

大川　うーん。

喜島　生徒たちは、いろいろなカルチャーを持って集まってきました。また、学園の先生たちも、全国から集まってきた人たちなので、公立学校、私立《しりつ》学校、中高一《いっ》貫《かん》校など、前の職場《しょくば》のカルチャーを持っていました。

まさに、今のアメリカ合衆国《がっしゅうこく》のように、さまざまな〝国〟のカルチャーが集まっていたんです。そこから、「新たな理念の下《もと》に一つの文化をつくっていく」ということに取り組んだのですが、最初は、やや苦労したところがあったと思います。

2　幸福の科学学園の強みとは

「塾《じゅく》の要《い》らない学校」を目指して

大川　「塾《じゅく》の要《い》らない学校」という言い方をされても、最初は、先生がたにとっても、ピンと来なかった点はあるでしょうね。

喜島　そうですね。はい。

大川　ただ、実際《じっさい》に開校したら、それをやらざるをえない状況《じょうきょう》に追い込《こ》まれていったのでね。

喜島　ええ。那須《なす》本校は、生徒たちだけではなく、先生たちも全寮制《ぜんりょうせい》なので、全員が同じ敷地《しきち》内の寮に入っております。先生たちは、昼間、生徒たちに教え、そのあと、夜にも出てきて、夜の部で、分からない子に対する補講《ほこう》をしています。また、進んでいる子に対しては、さらなる特別講習をしています。そういったことも、全部、〝手づくり〟で行《おこな》っている状況です。

ただ、一つ強みがあるとしたならば、それは次の点だと思います。

普通《ふつう》の学校の場合には、「昼間には学校の授業《じゅぎょう》を受け、夜には塾に行き、家では自分独自《どくじ》の勉強をする」というかたちで、三つをバラバラに進めていく生徒が、進学校のなかにも多いんです。

大川　そうだね。

喜島　ところが、那須本校では、それを全部ワンセットにしていますので、学習の無駄《むだ》がないんです。学校でやっていること自体が、それぞれの習熟度《しゅうじゅくど》別になっているので、できる子には、できる子用のカリキュラムが与《あた》えられていますし、補習が必要な子に対しては、そういうカリキュラムが与えられています。そういった意味では、非常《ひじょう》に無駄がないと言えると思います。

大川　それは実に大事なところですね。私の長女が通っていた学校も、いちおう、塾の要らない学校を目指しているような学校ではあったのですが、先生たちは、「塾に行かないでください」と、よく言っていたんです。一般《いっぱん》に、学校の先生は、塾が嫌《きら》いで、そう言う場合もあるのですが、その学校では、「塾に行くと成績《せいせき》が下がりますから、行かないでください」という言い方をしていたんですよ。

喜島　塾に行くと、やることが増《ふ》えますからね。

大川　塾では学校とは違《ちが》うことを教えるので、勉強する内容《ないよう》がダブルになるんだけど、両方とも消化できなくて、どっちつかずになり、〝墜落《ついらく》〟していくんですね。成績が下がっていくわけです。

塾で勉強していて、「塾の成績がいいから、志望《しぼう》校に行けるはずだ」と思っていても、学校の成績がだんだん下がってくると、やはり自信がなくなってくるんですね。それで、「塾に通って熱心に勉強しているのに、なぜ学校の成績が下がってくるのか」と訊《き》かれるため、その学校の先生たちは、「学校の授業に合わせて頑張《がんば》

英語の授業風景。全学年で、少人数・習熟度別授業を実施している。

ってくれれば、きちんと受かりますから」と言っていました。

私の次男が通っている開成《かいせい》も、もともとは塾が要らない学校であって、塾に行っている人は、ほとんどいなかったんです。駿台《すんだい》の現役《げんえき》高校生用のコースに行った人は、だいたい浪人《ろうにん》することになっていて、行かなかった人のほうが受かると言われていました。

要するに、勉強に無駄な部分、余計《よけい》なところがあるんですよね。浪人生がするような勉強を、現役生が塾でやって、さらに学校でも難《むずか》しいものを勉強していると、消化し切れなくなることがあるわけです。

ところが、今では開成でも通塾が当たり前になってしまい、「学校で寝《ね》ている人が多い」という話を聞いています。一種の流れなので、みんなが行っていて、塾の話ばかりされると、どうしても行きたくなるんでしょう。

でも、やはり無駄はありますよね。〝本業〟のなかに無駄があるので、それについては、やはり、できるだけ直したいですね。

頭も体も疲《つか》れるダブルスクール

喜島　「ダブル、トリプルになっているものを一本化できる」ということが、これほどの強みになるとは思っていませんでした。
大川　やはり疲《つか》れるよねえ、なんと言ったって。

喜島　ええ。本当に疲れます。

大川　頭も疲れるけど、体もね。

喜島　学校の試験範囲《はんい》と塾の試験範囲とを、両方、勉強しなくてはいけませんから。

大川　そうなんですよね。通学の時間と通塾の時間とがダブルであって、さらに両方から宿題が出たりしたら、大変ですね。

だから、開成の生徒であっても、Ｔ会とかに通っている人たちは、塾のほうから、「学校の勉強を捨《す》ててください」と指導《しどう》されているんです。

これは、きついですよ。「学校を捨ててください。学校の中間テストや期末テスト、実力テストは無視《むし》してください。塾だけで勉強してください」と言われるわけですが、それだったら、もう学校には行かないほうがいいわけですからね。

喜島　昼間の六時間や七時間が、まったく無駄になりますから。

大川　そうなんですよ。だから、やはり、つらいですよね。学校では、ただの〝お客さん〟になってしまう。実際、塾の授業だけで受かるのかもしれないけど、しかし、どちらかというと、塾の授業は、やりすぎになるんですよね。生徒の都合をあまり考えないで、学校がやらないことをやりたがるし、学校の授業の進度より先に進みたがりますからね。

塾で先に習ってしまうと、学校では、すでに習ったことを聴《き》くことになり、つまらないから、昼寝をするか、内職《ないしょく》をするか、どちらかになる。ところが、成績としては、当然、すごく悪い点数が出るから、やはり、落ちこぼれのように感じてしまい、自信がなくなってくるんですよね。だから、あれは、システム的に、もうひとつ、うまくいっていないですね。

喜島　そうですね。「進学校に行っているのに塾にも行く」という、今のシステムには、非常に無駄が多いです。

大川　それと、学校に行くのに片道《かたみち》で一時間以上かかっているところが多いし、学校のあと、夜には塾に移動《いどう》するんだから、みんな疲れている。

喜島　そうですね。はい。

那須《なす》本校のメリットは全寮制《ぜんりょうせい》

大川　あなたたちも、ご存《ぞん》じでしょう？　大学に入ってから覇気《はき》のない人間が多くってね。どう？

喜島　そうです。

冨岡　そうですね。

大川　ねえ。くたびれ果てているんだよね。

冨岡　そういう人は、たくさんいました。

大川　「何なんだ、あれは」というほどね。

喜島　燃《も》え尽《つ》きているか、遊び始めているか、どちらかになってきます。

大川　遊ぶために大学に入った人も多い。合格《ごうかく》さえすれば、もう、そこで終わり。

「ベースにタッチしたら終わり」というわけだね。

あとの人たちは疲れている。要するに、有名進学校の子が、やたらと疲れていて、覇気がない。

喜島　確《たし》かに疲れると思います。余裕《よゆう》がなさすぎるんです。

大川　さらに、今は、大学生で塾に通っている人がかなり多い。法学部の学生であれば、「大学の授業だけでは司法試験に受からない」ということなので、司法試験の予備《よび》校のようなものに大学一年から通っている。幼稚園《ようちえん》ぐらいから大学まで、ダブルスクールがずっと続いているので、大学生たちは、くたびれ果てているよね。そう感じますね。

喜島　そうですね。全寮制《ぜんりょうせい》の学校のよいところは、通学時間がかからないことです。

通常、通学には、片道で一時間、往復《おうふく》で二時間ぐらいかかるのですが、これが必要ないので、その分を、クラブ活動や運動など、自分を耕《たがや》す活動に使えるわけです。
おかげさまで、那須《なす》本校の生徒たちは、クラブ活動のほうでも忙《いそが》しく、それが、部活でそれなりの実績をあげられることにつながっていると思います。

大川　私の長男は、国立の中学校に通っていたとき、S塾の高校受験コースに通っていたんだけど、塾の先生は、「部活はやめてください。部活をやっている人は必ず塾をやめることになります。だから、早めに部活をやめてください」と言っていましたね。

喜島　時間帯が重なりますからね。

大川　「部活に行《い》っていたら、絶対《ぜったい》に塾をやめることになります。ということは、高校に受からないことになりますから、部活をやめてください」と言っていましたね。でも、学校のほうは逆《ぎゃく》で、「塾をやめてください」と言うでしょう。

部活は塾での勉強と同じ時間帯になるんですが、その時間帯を使わないかぎり、部活は成り立たないので、生徒にとっては、本当に苦しい選択《せんたく》になるんですよね。

喜島　ええ。学校とクラブの両立だけでも大変なんですが、そこに塾が入ったら、絶対に無理ですね。

夜の学習時間にカフェテリアで勉強に励む生徒たち。教師はこの時間に交代で個別指導も行っている。

大川　だけど、今は、塾で勉強しなければ、さらに学力が下がる状態《じょうたい》ですからね。塾をなくしたら、日本の教育水準《すいじゅん》が一気に下がるのは確実《かくじつ》ですから。

今は韓国《かんこく》でも塾が大いに流行《はや》っています。ああいう、「これから国力を上げていこう」として燃えている国では、学歴信仰《しんこう》がものすごく強いから、塾が流行っていますけど、日本のほうは峠《とうげ》を越《こ》えかかってきているので、疲れのほうが目立ってきていますね。

前倒《まえだお》しのカリキュラムのモデルは旧制《きゅうせい》中学

喜島　公立学校は文科省《もんかしょう》のカリキュラムを守らなければいけないのですが、それが受験対応《たいおう》型にはなっていないのです。

大川　うんうん。そうだね。

喜島　私立学校では、最初から、塾や予備校のように、受験を意識《いしき》したカリキュラムを組み、それを高校二年生までに終了《しゅうりょう》できるようにしておけば、高校三年生に対しては、受験に特化した授業ができます。

大川　あなたの通った灘《なだ》校あたりが、まずは出し抜《ぬ》きを始めたけどね。「灘校は、中高一貫《いっかん》校なので、一年、前倒《まえだお》しをするカリキュラムを組み、高三までの内容を高二で終わらせてしまう。高三に対しては普通の授業はなく、生徒たちは東大入試の赤本《あかほん》（過《か》去《こ》の入試問題集）を使って勉強し、中間テストや期末テストでは東大入試の過去問を解《と》いている」という話を、私は大学に入ってから聞いて、「ずるいなあ。それは、ないだろう。そんな学校と公立高校がまともに戦うのでは、たまったもんじゃない」と思いましたね。

喜島　でも、あれは、実は旧制《きゅうせい》中学校の五年カリキュラムから来ているんです。

大川　なるほど。

喜島　灘も以前は旧制中学校だったのですが、旧制中学校での勉強は五年間で終わるんです。そのあと、旧制高校に進むのですが、旧制中学では五年で全部を学び終えることができます。中高一貫校は六年制ですが、「五年で終えられるんじゃないか」という発想から、そのカリキュラムが出てきたんですね。

大川　まあ、灘だけならいいんだけど、ほかがまねをし始めたからね。全国的に、まねをし始めて、さらには、それに塾や予備校が乗ってきたので、だんだん、だんだん、きつくなってきたよね。

最初にやったところは、ものすごい差をつけることができるけど、ほかがまねをしてくると、しだいに、その強みがなくなってきて、まねをしなかったところだけが負けていく感じになってくるんだね。

喜島　そうですね。

ただ、灘などの進学校が採用《さいよう》している、このシステムには弱みがあります。それは何かというと、上位二割に合わせた授業が一貫して行われるため、例えば、数学などで、いったん落ちこぼれたら、学校の授業だけでは、もう二度と浮上《ふじょう》できないシステムになっているんです。

大川　それは、よく聞く話だね。

喜島　そこで、家庭教師《きょうし》に就《つ》くなり、塾に行くなりした人は、何とか浮上できるんですが、「進学校なのだから、ここにいれば大丈夫《だいじょうぶ》だ」と思っていた人は、浪人してから、そこの部分をやり直すしかなくなってくるわけです。

大川　六年間のうちに中だるみがあって、中三から高一のあたりで少し手を抜いた人は、そのあと、大学受験用の難しいものばかりやり始めると、実は、基礎《きそ》のところが固まっていないので……。

喜島　そこが抜け落ちていますね。

大川　そんな難しいものを、いくらやってもやっても駄目なんです。暗記に入っても、なかなか解けない。実は、中学校の勉強の部分で、詰《つ》めが足りていないところがあるんだけど、恥《は》ずかしくて、今さら中学の英語や数学を勉強できないんですね。

学園では生徒の現状《げんじょう》に合わせた補講《ほこう》を行える

喜島　私は、幸福の科学学園創立《そうりつ》の前に、進学校や、その次のクラスの学校、また、創立してまもない学校や、創立後、十年ぐらいの学校などを数多く視察しましたが、いちばんよい教育をしているのは、実は二番手ぐらいの学校でした。

大川　そうそう。二番手校がね。

喜島「創立して十年以内の学校が、いちばん、生き生きとした、よい教育をしている」と感じたんです。

大川　そういう学校には、それほど生徒に過度《かど》な期待をせず、何とかシステム的に受からせようとして、先生がたが頑張っているところが多いんですよね。

喜島　そうですね。先生がたには情熱《じょうねつ》もあり、生徒の現状《げんじょう》に合わせて、「上の子は上の子なりに、下の子は下の子なりに、それぞれを絶対に持ち上げるんだ」という思いで教育し、それをカリキュラムと情熱の両方で行《おこな》っていました。

大川　私の長女が行った学校の一学年の人数は、中学では二百四十人ぐらいだったかな。高校になったら、四百人ぐらいになりましたけど、「試験で合格点を取れなかったら、合格点を取れるまで追試が続く」というやり方でした。三回ぐらいは追試をやっていたんです。全員が合格点を取れるまで、徹底《てってい》的に追いまくっていた。

喜島　そのシステムは、うちもやっております。

大川　ええ。それでも、学年で、二、三人ぐらいは、やはり、こぼれるようではあります。とうとう、「あまりの厳《きび》しさに、ついていけない」ということがあるようだけど、「できるまでやる」というのは、親切と言えば親切ですよね。

喜島　そうですね。「週例テスト」というかたちで、週の最初の授業日に、前の週の範囲のテストを行い、それで点数が悪かった生徒に対しては、夜に補講《ほこう》を行います。うちは全寮制ですから、夜の学習時間に補講を行うことができるんです。昼間と同じ先生が出てきて、生徒が分かるまで教えるわけです。

喜島克明校長

大川　塾や予備校に通えないのが、かえって、いいのかもしれないね。抜け駆《が》けで通うと、ちょっと乱《みだ》れてくるんだけど。

喜島　それに、うちの場合には、学習範囲の無駄がないので、そういったところで生徒に過度の負荷《ふか》をかけずに教えていくことができます。

大川　それと、中高一貫制の進学校の場合、模試《もし》をあまり受けないんですよね。進度が違うから、模試を受けると、意外に悪い点数が出るんです。模試の範囲ではないところを学校でやっているから、模試を受けると、悪い成績が出るから、あまり受けないんですよ。見ていて、「ずるいな」と思うけど、高三ぐらいになって、やっと受け始め、それまでは受けないでいる。自主的に個人《こじん》で受ける人はいるんですけど、確かに、進度が違うと、できないことはあるんですよね。

喜島　そうですね。うちも進度が早いので、模試のときには、模試用に昔のところをやり直さないと、やはり、抜けている部分があります。

大川　そうだねえ。忘《わす》れるから。

喜島　それについては対策《たいさく》が必要であることを感じています。

大川　範囲が違うと、できないことはあるからね。

喜島　はい。

3　関西校開校に向けて

神童《しんどう》だった（？）関西校校長

大川　（冨岡に）あなたは京都府のはずれのほうで生まれたと思うけど。

冨岡　生まれは本当に田舎《いなか》のほうです。

大川　でも、「開校以来、初の東大合格者《ごうかく》」という話も、どこかで聞いたなあ。

冨岡　いやあ、誤解《ごかい》です。「開校以来、初」ではありません。

大川　違《ちが》いましたか（笑）。戦後ですか？

冨岡　いえ。町では、かなり（笑）……。

大川　町ですか（笑）。

冨岡　「五十年ぶりぐらい」と聞いていました。

大川　ああ、そうか。何か、「学校ができて初めて東大に受かった人」というような言い方を聞いたんだけどね。そうでもない？

冨岡無空校長（就任予定）

冨岡　私の高校では少し前から東大合格者が出始めていました。

大川　ああ、そうか、そうか。それは、もっと下の、小学校か中学校の話かな？

冨岡　そうですね。私の生まれ育った町は……。

大川　町？　小学校ですか。

冨岡　私の出た小学校には、東大合格者は、ほかにいないかもしれません。

大川　あるいは中学校ですか。

冨岡　中学にも、「いたか、いないか」だったと思います。

大川　関西校を希望される方に対しては、「冨岡さんは開校以来の神童《しんどう》だった」とPRしておかないとね。

冨岡　（笑）ありがとうございます。

大川　そもそも、東大の入試を受けた人が、ほかにはいないのかもしれない（笑）。

左翼系《さよくけい》知事が続き、公立高校が荒《あ》れていた京都

喜島　京都の洛南《らくなん》高校（冨岡の出身高校）は東寺《とうじ》の境内《けいだい》に校舎《こうしゃ》があります。

冨岡　そうですね。仏教系《ぶっきょうけい》の私立《しりつ》高校です。

大川　洛南ね。でも、洛南は今では進学校だな。

冨岡　はい。

大川　洛南と、もう一つは洛星《らくせい》か。この二つは名門だよね。

冨岡　そうですね。私がいたころの京都では、左翼《さよく》系の知事がずっと続いておりましたが……。

大川　そうだね。

冨岡　公立の高校はかなり荒《あ》れておりまして、私の父親が行《い》った高校もそうでした。

そのため、父からは「地元の高校には絶対《ぜったい》に行くな」と言われました（笑）（会場笑）。

大川　（笑）「絶対に行くな」か。

冨岡　ええ。洛南高校は、当時、まだ超《ちょう》進学校にはなっていなかったのですが、ちょうど学校が上り坂の時期であり、伸《の》びてきている学校だったので、受けさせていただきました。

大川　ああ、なるほど。そうでしたか。

冨岡　先生がたも非常《ひじょう》に熱心でした。ただ、灘《なだ》のような、カリキュラムの前倒《まえだお》しはなかったんです。

大川　洛南の生徒たちの進学先は京大が中心だったのかな？　やはり、メインは京大でしたか。

冨岡　京大を志望《しぼう》する人が多かったんです。優秀《ゆうしゅう》な人は、どちらかというと、京大のほうに行くことが多かったですね。

大川　そうだね。だから、たいていは京大に行き、その次ぐらいの人が東大に行って、その次に、また、京大に行く人が続くといった感じかな？

冨岡　そういう感じでした。

大川　あのあたりは、だいたい、そうなんですよね。

関西校は自宅《じたく》通学も可能《かのう》

大川　関西校に関して、あなたには地の利があるでしょうね。

冨岡　すでに関西校の用地は決まりました。私が子供《こども》のころに何度か行ったことのある場所で、非常に親近感を覚えております。「非常によい所でやらせていただける」ということで、感謝《かんしゃ》しております。

大川　ただ、関西校は、那須《なす》本校とは違い、全寮制《ぜんりょうせい》ではないので、若干《じゃっかん》、通学生が入ってくると見ています。これがイレギュラー要因《よういん》ですね。そういう人たちは、塾《じゅく》や予備《よび》校に通えないわけではないので、このあたりで、内容《ないよう》的には少し苦戦するかもしれませんね。

冨岡　そうですね。やや競争になるところがあるかもしれません。

大川　「どちらが上か」ということで競争が始まるかもしれませんね。

冨岡　また、京都駅の駅前に「サクセス№1《ナンバーワン》」（幸福の科学が開設《かいせつ》している仏法真理塾《ぶっぽうしんりじゅく》で、信仰《しんこう》教育のほか、基礎《きそ》学力や応用《おうよう》学力の形成にも力を入れている）の京滋《けいじ》本校がありますので、通いの子は、夜には、そちらでも勉強できます。

大川　そうですか。

冨岡　「通いの子の場合、夜の学習は、どうなるのか」というお問い合わせを頂《いただ》いています。もちろん、「サクセス№1」に通うこともできます。

ただ、中学に入ってくる子には、やはり、自分で勉強する習慣《しゅうかん》をつけることが必要だと思います。

今は、超進学校でも、中一の生徒に対しては、自分で勉強する習慣をつけさせることに力を入れています。今は、小学校のころから塾や家庭教師《きょうし》を活用している子がかなり多く、自学・自《じ》修《しゅう》する習慣がつかないまま中学に入ってくるんですね。

那須本校では、まもなく、「自修館《かん》」という名《めい》称《しょう》で学習室がつくられますが、関西校のほうでも、寮生にも通いの生徒にも、最初のところで、学習習慣をきっちりと身につけさせるようにしたいと思っております。

幸福の科学学園関西校の完成イメージ図。

大川　最後は自力なんですよ。だから、成績《せいせき》が同じでも、自分の力で頑張《がんば》って勉強した人と、無理やり、塾の先生に詰《つ》め込《こ》まれた人や、親が椅子《いす》に縛《しば》りつけてでも勉強させた人とでは、どうしても、あとが違うんですよね。

那須《なす》本校では高校三年生は一人部屋に入る

喜島　那須《なす》本校では、高校三年生になると一人部屋に入るのですが、今は、まだ部屋が空《あ》いておりますので、第一期生の場合には、高二の半ばから一人部屋に入りま す。その先行事例として、高二の一学期ぐらいから、成績のよい子を一人部屋に入れ始めたんです。そうすると、一人部屋に入った子は、よく勉強するようになりました。

大川　ああ、そうですか。

喜島　そのため、「これはいい」と感じたのですが、ほかの生徒たちも一人部屋に入れてみると、今度は、自主的によく勉強する子と、「自分の部屋が与《あた》えられた」と思って、少し安心してしまう子とに分かれました。ですから、今、「そのあたりについて、どう指導《しどう》していくか」ということを考えているところです。

大川　でも、「寮で一人部屋をもらえる」というのは豪華《ごうか》ではありますね。「幸福の科学学園が目標にしている」と言われた鹿児島《かごしま》ラ・サールの寮は、八人部屋の〝タコ部屋〟であって、卒業生のなかには、「二度と入りたくない」と言う人がいましたよ（笑）。

喜島　そうですね。もっとも、鹿児島ラ・サールも、高校二年や三年になると、寮を出て外で下宿をする人が増《ふ》えて、一人部屋になることもあるようです。

大川　ああ、なるほどね。やはり外へ逃《に》げますか。八人部屋では、たまらないからね。

喜島　ええ。ただ、それは低学年のときだけです。

大川　プライバシーがゼロだよね。

喜島　はい。

昔の東大駒場寮《こまばりょう》の実態《じったい》とは

大川　今はもう壊《こわ》されただろうけど、東大の昔の駒場寮《こまばりょう》も、だいたい四人部屋でしたか。

喜島　そうですね。教室ぐらいの大きさの四人部屋がありました。

大川　そのくらいが最低定員ですが、仕切りもひどいものでしたね。

喜島　ええ。ベニヤ板で仕切っていました。

大川　ねえ。音楽は聞こえてくるし、隣《となり》の部屋に彼女を連れ込んで話している者はいるし（会場笑）、あの状態《じょうたい》では勉強できない。

喜島　あれは、「クラブの部室を兼《か》ねる」という名目でしたから。

大川　ほとんど、そういう部室ですよね。安いんでしょうけど。今では、潰《つぶ》されて、新築《しんちく》したんでしょうか。

喜島　駒場寮は廃寮《はいりょう》になりました。跡地《あとち》には、駒場コミュニケーションプラザが建設され、すごくきれいになっています。

大川　そうですか。昔の駒場寮は、ひどかったですね。だから、ほとんど、変な運動のアジトのようになっていましたよね。

喜島　そうですね。今は、その場所に、イタリアン・トマトなども入っています。

大川　ああ、そうなんですか。なるほどねえ。

第2章

学園生たちの日々の姿《すがた》

1　幸福の科学学園ならではの「教育の特性《とくせい》」

宗教《しゅうきょう》教育が生徒たちを変える

司会　ここまで、学習塾《じゅく》と学校の戦いといいますか、そうしたところに出てくるひずみ、子供《こども》たちの負担《ふたん》などの話が出ました。

喜島校長や冨岡校長の青春時代も垣間《かいま》見えて、「どのような教育を受けられていたのか」についても聴《き》きたいところではあるのですが、冒頭《ぼうとう》で、「幸福の科学学園では、学業や部活で高い実績《じっせき》が出ている。また、地元の方からも、『好感の持てる挨拶《あいさつ》ができる子供たちだ』と評価《ひょうか》していただいている」という報告《ほうこく》がありましたので、そのような子に育てるための秘訣《ひけつ》の部分、幸福の科学学園ならではの「教育の特性《とくせい》」というところに話を進めたいと思います。

喜島　はい。分かりました。

最初は理念としてあったものを実際《じっさい》にやってみて、「本当にそうだ」と思ったことがあります。それは何かというと、「宗教《しゅうきょう》教育が染《し》み込《こ》めば染み込むほど、本当に成績がよくなり、人間性も向上し、運動でも成果が上がってくる」ということです。「そうあるべきだ」と思っていたのですが、やってみたら、「本当にそうだ」ということが証明《しょうめい》されてきているんですね。

生徒たちには、やはり、それぞれが持ってきた文化があるので、入学直後の中学校一年生や高校一年生には、前の学校のカルチャーの影響《えいきょう》で、けっこう言葉遣《づか》いが悪かったりするんです。

大川　なるほどね。それはそうだろう。

喜島　それで、「バカ」とか、もっと悪い言葉を使ったりする子が、しばらくはいたりして、「ひょっとしたら、いじめではないか」という訴《うった》えが出てきたりするんです。そこで、学園では、そういった訴えがあったら、即座《そくざ》に両方を呼《よ》んで、それぞれの事情《じじょう》を聴き、「そういう悪い言葉を使ってはいけません」という指導《しどう》をしています。

最初に、何件《けん》か、きちんとした指導をすると、「悪い言葉を使っては駄目《だめ》なんだ」ということが、その学年全体に伝わり、「悪い言葉遣いを控《ひか》えよう」ということが、全員の意識《いしき》に落ちてくるんです。

大川　うん、うん。

喜島　その一方で、「相手の素晴《すば》らしさの発見」ということを、宗教科の授業《じゅぎょう》でやったりしています。「相手の悪いところを見るのではなく、相手の素晴らしさ、仏《ぶっ》性《しょう》のところを見よう。それを、まず隣《となり》の人とやってみよう。相手の素晴らしさをカードに書いて、相手に渡《わた》そう」と言い、次には、「一カ月ほど時間をあげるから、クラス全員の素晴らしさをよく観察し、それを全部カードに書いて、四回目の授業のときに相手に渡そう」と言っています。

それを封筒《ふうとう》に入れて相手にプレゼントすると、みな、「うれしい」という思いになって、とてもニコニコします。そして、お互《たが》いのよいところを見合うカルチャーができてきます。

そうすると、「いじめのない学校」、あるいは、「いじめを許《ゆる》さない学校」が、本当に、わずか一学期以内に完成していくわけです。

大川　やはり、感謝《かんしゃ》や報恩《ほうおん》、あるいは祝福の言葉が口をついて出てくるようになってきているというのは宗教教育の賜物《たまもの》でしょうね。親御《おやご》さんは、一学期が終わったあと、驚《おどろ》かれるんじゃないでしょうか。

喜島　だいたい、『夏休みに帰ってきて、びっくりした。うちの子が親に『ありがとう』と言うようになった」と言ってくださいます。

大川　そうでしょう。「不平不満《ふへいふまん》は聞いたことがあるが、お礼を言ったのを聞いたことがない」ということでしょうね（笑）。

喜島　ええ。「こんな言葉は聞いたことがない」と。
　また、「食べ終わったあと、自分の食器を台所の流しまで持ってくるようになった。こんなことも、今までしたことがないし、『お母さん、手伝うよ』と言って、手伝うようになった」とも言ってくださいます。

大川　びっくりするでしょうね。

喜島　そのような変化で、夏休み明けには、「本当にありがとうございます」と言っていただけることが多くなってきました。

大川　いやあ、それだけでも十分な資産《しさん》ですよ。勉強のところが、もし普通《ふつう》であっても、それだけでも十分です。そういうことは、あまりないですからね。今や、それを教えられるところがないのでね。

与《あた》える愛を実践《じっせん》し、近隣《きんりん》と共存共栄《きょうそんきょうえい》している学園生たち

喜島　あとは、「与《あた》える愛」の教えの実践《じっせん》として、最初に、「あなたたちにできる『与える愛』は挨拶ですよ」ということを徹底《てってい》的に教えています。

「挨拶というものは、相手を重んじる気持ち、相手を尊敬《そんけい》する気持ちの表れです。挨拶されると、相手は、すごくニッコリして、本当に気持ちがよくなります」とい

うことを、ずっと言い続けています。
そのため、例えば、外をランニングしている生徒は、近くの農家の方が農作業をしていたら、走りながらでも、「こんにちは」と言って挨拶をしていったりします。

大川　うーん、いいですねえ。やはり、学園生に対する外部の人の評価は、おしなべて高いですし、初見《しょけん》で、「礼儀《れいぎ》正しいですね」と言ってくれますからね。
また、この前、大鷲祭《おおわしさい》（幸福の科学学園の文化祭）を見に行ったけど、近隣《きんりん》の食事処《じどころ》の方が自分の店の鮎《あゆ》の塩焼きを出したり、「涅槃米《ねはんまい》」といって、涅槃池（幸福の科学の那須《なす》精舎《しょうじゃ》にある池）の水でつくったお米の試食が出されたり、いろいろとありましたね。

喜島　ええ。涅槃池の水でつくられたお米ですね。あれは本当においしいんです。

大鷲祭での模擬店（上）と演劇（右）。

大川　そうなんですか。私はまだ味を知りませんが……。

喜島　「天上界《てんじょうかい》の味」というキャッチコピーを私が書きました（会場笑）。涅槃米というネーミングも……。

大川　涅槃に入《はい》るにはまだ早いから（笑）、私は食べていないのですが、そうなんですか。

喜島　ええ。

大川　近所の人が、ある程度《ていど》、受け入れてくださっているのは、ありがたいですね。共存共栄《きょうそんきょうえい》している感じがありますよね。

喜島　近所の方が、うちの生徒に、「君たちは優秀《ゆうしゅう》か」と声をかけてくださったことがあるんですけど、それに対して、その子は、「いえ、優秀ではありませんが、ナンバーワンを目指しています」と答えたのです。その方は、「立派《りっぱ》な受け答えだ」と言って、ほめてくださいました。

大川　そうですか。わりに、地元に溶《と》け込もうと努力しているんですね。駅に那須精舎の花火祭（幸福花火祭）のポスターを貼《は》ったり、あちこちに文化祭（大鷲祭）の立て看板《かんばん》を立てたりしていましたね。

喜島　ええ、そうです。生徒たちも、率先《そっせん》して、体育祭や大鷲祭のチラシを持ち、

「こんにちは」と言って近所の家をノックして歩き、「今度、近所にできました幸福の科学学園です」と言って、ご挨拶しています。

学園生が自分なりの「夢《ゆめ》」や「志《こころざし》」を持てる理由

冨岡　関西校予定地の近隣の方々にも、何度か那須本校の見学に行《い》っていただいています。

大川　那須まで行かれたのですか。ご苦労さまです。

冨岡　喜島校長にもご案内いただきましたが、やはり最初は、やや硬《かた》く、こわばった顔の方も、なかにはいらっしゃいました。

大川　そうでしょうね。

冨岡　なかに入り、設備《せつび》や授業を見ていただきました。

そして、校内をご案内しているときに、喜島校長が、たまたま通りかかった生徒たちをつかまえて、「学園に入って、どうですか」という質問《しつもん》をしたら、誰《だれ》もが、自分なりの夢《ゆめ》や志《こころざし》、あるいは入学後の自分自身の変化について、それぞれの個性《こせい》に応《おう》じて返事をしてくれるので、感心しておられました。

また、生徒たちがみな、とても礼儀正しかったので、みなさん、驚かれていました。

関西校を開校するに当たり、那須本校の今の実績や生徒の輝《かがや》きのところが、本当に大きな仕事をしていただいていると実感しております。

大川　やはり、施設《しせつ》も中身も、けっこう立派なものができていますかね。

喜島　そうですね。学園には、「いきなり説明修行《しゅぎょう》」というものがありまして、生徒たちは、外部の人が通りかかったときに、いきなり呼び止められ、「この学校とほかの学校の違《ちが》いを説明してください」と言われるんですね。そうすると、事前には何も準備《じゅんび》していないのですが、生徒たちは立派に答えるんです。

例えば、「自分は、中学生のときに、偏差値《へんさち》が六十五ぐらいの中高一貫《いっかん》校に通っていましたが、高校から、この学校に入ってきました」と答える子もいました。

それで、「なぜ、そういうことをしたの？」と訊《き》かれると、その子は、「先生や友達にはすごく反対されたんですが、ここは主がつくられた学校なので、夢を持ち、あえてやってきました。全寮制《ぜんりょうせい》のため、最初は寂《さび》しく感じましたし、前の学校と進度が違っていて、『どうなるんだろう』と思ったこともありましたが、今では、この学校で、伸《の》び伸びと学ぶことができ、『勉強も進んでいるし、夢も実現《じつげん》に向かっている』という実感があって、本当にうれしいんです」と言ったんですね。

進学校の生徒には、「なぜ勉強するのかが分からない」という、進学校特有の悩《なや》みがあります。

大川　うんうん。

喜島　その子が、もし、そのまま、以前の中高一貫校に残っていたら、そうした悩みに押《お》し潰《つぶ》されていたかもしれません。

でも、幸福の科学学園では、当初から、「勉強は、世のため人のために役立つ人間になるために、するんですよ」ということを、ずっと言っております。

ですから、その子は、この学校に来て、まあ、全寮制のストレスは多少あったかもしれませんが、勉強に対しては、そういった意味でのストレスを感じることがないため、「迷《まよ》いなく、一生懸命《いっしょうけんめい》に勉強できるので、とてもよかった」と言っていたのです。

学園では「宗教教育《しゅうきょういく》」と「キャリア教育」が一体化している

大川　学園には、「探究創造科《たんきゅうそうぞうか》」注1という教科があり、社会人に授業をしてもらったりしているからかもしれませんが、「未来のビジョンや職業《しょくぎょう》が少し見える」というか、それへのつながりが見えてくるところが大きいのかもしれませんね。

喜島　はい。以前、学園のパンフレットに、「夢を叶《かな》える学校」ということを書きましたが、私は、わが校に入学を希望する児童や生徒たちに、「夢を一つ持ってきてください。それを実現するための、さまざまな教育と手立てを提供《ていきょう》します」と言っているんですね。

そして、この学校の生徒の特徴《とくちょう》として、「志を立てるのが早い」ということがあります。

探究創造科の授業で、美術ゼミの発表を行う高校生。

大川　そうそう。

喜島　「立志《りっし》」が早いんです。なぜかというと、入学前から、「夢を持ってきてください」と言われていますし、入学式のあと、三日間のオリエンテーションのなかで、大川総裁《そうさい》から頂《いただ》いた、〈夢について〉の学生向け公案研修《こうあんけんしゅう》を受けるからなんです。

　その研修のなかでは、自分の強みや、「自分がやりたいことを、どのように実現していくか」ということを考えながら、自分の夢を見つめていきます。

「そもそも、夢とは、どういうものなのか」ということについても、やはり幸福の科学学園は宗教系《しゅうきょうけい》の学校ですから、「この世に生まれてくるに当たって、天上界で立ててきた人生計画が必ずある。その『光の使命』こそが本当の夢なんだ」と教えています。

そして、「その光の使命は、世のため人のために役に立つことと直結しており、この世を旅していくための糧《かて》として一つのタレント（才能《さいのう》）が与えられている。その才能は自分の強みのなかにあるので、それを発見し、自分が興味《きょうみ》のある分野のなかで生かしていくことが大切であり、その先に自分の夢の実現がある。それは、自分のためだけのものではなく、多くの人の役に立つためのものであり、主の願いを叶えるためのものである」ということを、腑《ふ》に落とさせているんです。

また、その研修のなかでは瞑想《めいそう》も行います。「今世《こんぜ》、自分が生まれてくるに当たって、天上界で、どのような夢を持ち、どのような計画を立てていたか」ということを考える瞑想です。

その瞑想によって、「自分は、これを計画して生まれてきた」ということを思い出す子供が何人も出てくるんです。そこで、「自分の使命は、これだ」というようにポンと志を固め、それから、世のため人のために勉強をし始めるわけです。

さらに、探究創造科では、自分の強みや、自分にとって興味がある分野の専門的《せんもん》な知識と、その分野の現在《げんざい》の限界《げんかい》について、また、「その限界を、どう突破《とっぱ》していけばよいか」ということについて、レクチャーを受けます。そして、「そのなかで自分には何ができるのか」ということを考え、それについての論文《ろんぶん》を書き、全員の前で発表するんですね。

幸福の科学学園は、三年もしくは六年の修学期間のなかに、そうした、宗教教育とキャリア教育、光の使命実現教育と夢実現教育とが一体化したシステムを持っています。それが、ほかの学校との大きな違いになってきているのではないかと思います。

［注１］幸福の科学学園のオリジナル教科。中学校では、「偉人《いじん》の生き方」「日本の文化」「世界の課題《かだい》」を学ぶ。高校では、「宗教や政治《せいじ》、経済《けいざい》、科学や芸《げい》術《じゅつ》など各分野の最前線での価値創造」を専門家から学んで、「将来《しょうらい》自分がどのテーマで人類に貢献《こうけん》するか」を探究し、「新時代を創造するリーダー」となることを目指す。

偉人《いじん》を認《みと》めない左翼《さよく》教育は〝夢《ゆめ》を壊《こわ》す教育〟

大川　学園では、特に、偉人の研究とその発表をわりに熱心にやっているけど、あれは、左翼《さよく》教育に対する、非常《ひじょう》に強力なアンチテーゼというか、反論なんだよね。

喜島　そうですね。

大川　左翼思想が学校教育に入ると、「歴史上、偉人なるものはいない」という方向に持っていきますね。昔の偉《えら》かった人について、その人の悪いところをほじくって、「偉い人ではなかった」と言います。そして、偉人たちをみな引きずり下ろしていくんです。

一方、悪い人たちについては、「そんな人はいなかった」と言って、「歴史は、凡《ぼん》人《じん》の集まりがつくったものであり、偶然《ぐうぜん》できたものなんだ」というような感じにするんですよね。

喜島　そうですね。

大川　「偉人たちを認《みと》めない」ということは、「天使たちも認めない」ということになるので、結局、神仏の世界を認めない価値観になってくる。それが、人間としての向上心を失わせるんですよ。「みな、そんなに偉い人ではなかったんだ」という

中学校の探究創造科では、全員が一人ずつ偉人を研究対象として選び、その成果を発表した。

考え方ですからね。

確《たし》かに、人間は、誰であっても、探せば、悪いところはたくさんある。

例えば、「喜島校長は、東大に入ったけど、勉強せずに、山ばかり歩いていた（会場笑）。勉強していない人を校長にするなんて、悪い学校だ」ということばかりを、左翼マスコミ風に書いたり言ったりすることもできる。しかし、「そんなことはない。山を歩いて体力を鍛《きた》え、そのあとの勉強に備《そな》えていた」という見方もあるわけでしょう。

だから、物事のとらえ方には両面があ

るんだけど、今のマスコミ風に、悪いほうだけを言うと、結局、左翼系の見方になって、「偉い人なんか、世の中には、いやしないんだ。理想的な人なんか、いないんだ」ということになってしまう。

聖徳太子《しょうとくたいし》が尊敬されたら、「そんな人は架空《かくう》の人物だ」という説をすぐに持ってきたり、「リンカンは偉い」と言われると、「リンカンだって、意地悪なことをたくさんした」と言ってみたりする。そういう〝夢《ゆめ》を壊《こわ》していく教育〟が、今の教育には、けっこう入っているんですよね。

まあ、それは、凡人化していくというか、平準化していく教育なんだろうけど、やはり、夢は必要ですよ。夢がなかったら、人間は原動力がなくなるからね。

喜島　はい。

2　学園生たちの能力的特徴《のうりょくてきとくちょう》と使命感

芸術《げいじゅつ》を通して「創造《そうぞう》力」や「表現《ひょうげん》力」が育《はぐ》まれる

大川　学園の生徒たちを見ていて、もう一つ思うのは、「勉強以外の世界で活躍《かつやく》する人も、そうとう出るのではないか」ということです。音楽や踊《おど》りなど、文化祭的な芸術系《げいじゅつけい》のところにもずいぶん才能《さいのう》を感じるのでね。

喜島　そうですね。芸術は創造性《そうぞうせい》の要《かなめ》ですし、「この世も、神の創《つく》られた芸術である」という言葉もあります。

私は、最初に学校のつくりを計画したとき、毎日、寮《りょう》から大川隆法記念講堂《こうどう》に行く、そのメインロードに、美術の教室と音楽の教室を意識《いしき》して配置したんです。

大川　ああ、なるほど。

喜島　例えば、今、その廊下《ろうか》には美術作品が並《なら》んでいるのですが、それらの美術作品は、青春の悩《なや》みや、「それをどう乗り越《こ》えていこうか」という自分の思いなどを書いた詩に絵を付けた詩画《しが》なんです。

　生徒たちは、そうした、自分たちに身近な言葉で書かれている詩と絵の両方を見ながら、学校に通っていきます。そのなかで、彼らは、そこに込《こ》められた志《こころざし》と、「今は、厳《きび》しいことや苦しいこともあるけど、もう一回、頑張《がんば》ってみよう」という思いを、美と一体となった波動《はどう》で受け取り、毎日毎日、自らを励《はげ》ましていくことができるわけなんですね。

大川　詩でも絵でも、音楽でも踊りでも、何でもいいんですけれども、やはり、

「つくり出していく」ということは、すごいことなんですよね。「創造する力」は値《ね》打《う》ちのあるものなんです。

さらに、その創造したものを、ほかの人に分かってもらうために、発表する力というか、表現《ひょうげん》する力は、極《きわ》めて大事な能力であり、これを持っている人は、世の中へ出てから、非常《ひじょう》にありがたい存在《そんざい》になるんですよね。

レベルが高い「応援合戦《おうえんがっせん》」での創作《そうさく》ダンス」

喜島　学園の体育祭には「応援合戦《おうえんがっせん》」というものがあります。「赤団《あかだん》」「黄《き》団」「白《しろ》団」という、クラスを縦割《たてわ》りにした三つの団が、その応援合戦で、それぞれの創作《そうさく》ダンスを発表するのですが、これが、びっくりするぐらいレベルが高く、しかも、全員がそれを踊りこなせているんです。そういうことは、私が中高生のころの学校カルチャーでは、なかったことなんですね。

体育祭の応援合戦で、創作ダンスを披露する生徒たち。

大川　そうですね。何か、「全員が『スター養成スクール（信仰《しんこう》から生まれる心の輝《かがや》きで、多くの人々に希望を与《あた》えるスターを育成するための機関）』の候補生《こうほせい》かな」（会場笑）と思うほど、よくやっていますからねえ。

喜島　やはり、各クラスに一人か二人はプロ級の子がいます。

大川　いるよねえ。

喜島　チアダンス部の部長であるとか、あるいは、そういうスター養成的な機関で、ほとんどプロとして活躍している子もいます。

大川　すごいですよ。しかも、そちらの才能で合格《ごうかく》させたわけではないですからね。

喜島　成績《せいせき》で、きちんと合格しています。

大川　ええ。きちんと成績で採《と》っているからね。うーん。すごいなあ。

喜島　そういう生徒が、ほかの生徒たちに教えて、かなりのレベルの創作ダンスを発表したものですから、私も、最初に見たときにはびっくりしました。

大川　表現力は、やはり大事ですよね。大したものです。

喜島　その過程《かてい》で、芸術性を発揮《はっき》すると同時に、みんなで一つのことをやり遂《と》げていったので、結束力がすごくできていきました。

大川　ああ。そうだねえ。

学園生は「主の教えを広げる使命」を感じている

喜島　それと、うちの生徒たちの一つの特徴《とくちょう》として、目の前のことに集中する力が本当に強いんですね。

大川　ほう。

喜島　そして、そのときに何を思っているかというと、「主にお見せするものをつくるんだ」ということと、「多くの人々にお見せするものをつくるんだ」ということなんです。

大川　うーん。

喜島　その「主に捧《ささ》げるものをつくる」ということなんですが、例えば、「舞踊《ぶよう》」も、もともとは神様に捧げるものであったわけです。しかし、特に、教師《きょうし》の側が、それを意識して生徒たちに言っているのではありません。

生徒たちのなかに、そういう、「主にお見せして恥《は》ずかしくないものをつくろう」という思いが湧《わ》いてきて、その結果、一体感ができているんです。「今、自分たちにできる最高のものを捧げよう」という思いで、やっているんですね。

大川　だからでしょうかね。体育祭などを見に行くと、生徒のみなさんが、校歌や応援歌を急に歌い出したりするではないですか。

喜島　ええ、ええ。

大川　みなさんが涙《なみだ》を流しながら歌い出したりすると、聴《き》いている私のほうも泣いてしまって、駄目《だめ》なんですよ。

喜島　生徒たちは、本当に、この学校を愛しています。

大川　そういう意味では、いい感じになりつつあるのかなあ。

学問もさせていますけど、「それ以外のところにも、きちんと配慮《はいりょ》している」というか、「本当の意味での、全人格的な可能性《かのうせい》のところにも、目配りをしている」というのは、すごいですねえ。

喜島　そうですね。幸福の科学学園は宗教系《しゅうきょう》の学校なので、最初に、宗教の使命、ミッションというものを全員に教えますし、生徒も、それを覚悟《かくご》して、「そういうものだ」と思って入ってきます。だから、「主の教えを自分たちが広げていくんだ」と思っているんですね。

生徒たちが考えているのは、「中学生や高校生である自分たちにできる伝道とは何だろうか。それは、勉強やクラブ活動で成果を出し、自分たちの幸福の科学学園の名前を知らしめることだ。『幸福の科学学園、ここにあり』ということを多くの人に訴《うった》えていくことだ」ということなんですね。「その使命感から、クラブ活動にも非常に力が入っている」と言えると思います。

大川　生徒たちは、そういう使命感を、那珂《なか》川のゴミ拾いをしているときにも感じているんでしょう？

喜島　ええ。そういうボランティアは年に五回以上やっていますし、そのゴミ拾いで感謝《かんしゃ》の手紙を頂《いただ》いたりもしています。

大川　うーん。本当にありがたいことだし、そういう学校は、求めても、世の中には、なかなかないでしょうね。

喜島　そうですね。

幸福の科学学園には「世界を変える可能性《かのうせい》」がある

大川　日本には学校が何万校もあるでしょう。しかし、幸福の科学学園は、まだ一校だけで、次が二校目ですから、「本当に、大海のなかの一滴《てき》や二滴にしかすぎない」という感じが非常に強くて、「大したことはできないな」と思いつつも、そのなかから、リーダーになる人が出てきたり、モデルになるものを何か示《しめ》したりできれば、やはり、「世界を変える可能性《かのうせい》はあるのかな」という気はするんですよ。

喜島　そうですね。

生徒たちに、「君たちの将来《しょうらい》の夢《ゆめ》は何だ」と訊《き》きますと、例えば、チアダンス部の部長をしている子は、「ダンスを通して芸術と仏《ほとけ》の教えを一体化したい。そして、そういうチームをつくり、世界を旅して、この法を伝えていきたい」という夢を語ります。また、理科系の子は、「二十代のうちに、高次元の存在を科学的に証明《しょうめい》したい」と言ったりします。

そのように、「自分が得意な分野において、その分野におけるトップ、ナンバーワンになり、そこから、この法を弘《ひろ》めていきたい」という思いが非常に強いですね。そういうミッション性を持っていることが、さまざまなことにおいて、レベルの高さにつながってきているんだと思います。

大川　それは、ありがたい話ですよね。私も、十年くらい前かな？　何年か前には、「私の代では、学校をつくるところまでは行かないだろう。それは次の世代の仕事になるか」と思っていたんです。だから、まさか、「自分が活動しているうちに学校ができる」とは思わなかったんですが、やろうと思ったら、そこまで行《い》ってしまいましたねえ。

3　幸福の科学学園がもたらすもの

学園ができて、地元への伝道も進んでいる

大川　喜島さんが校長で、こんな立派《りっぱ》な学校になるとは、ちょっと（笑）（会場笑）……。

喜島　（笑）

大川　（笑）そう言ってはいけないかな？

喜島　（苦笑）まあ、私には自由で創造《そうぞう》的なところはありますので……。

大川　そうそう。よいところを採用《さいよう》してね（会場笑）。

喜島　ええ。よいところを……。

大川　山に向いているところも採用してね。

喜島　ああ。そうですね。ただ、山には、行きたくても、なかなか、行く暇《ひま》がない

幸福の科学総本山・那須精舎の花火祭。
浴衣を着て参加する生徒の姿も見られた。

んです。

大川　ああ、そう。

喜島　はい。しかたがないので、川に行って、ときどき、鮎《あゆ》釣《づ》りをしたりしています。

大川　そうだよね。昔、「川に釣りに行きたい」と言って、ずいぶん研究していましたからね。

喜島　ええ。

大川　学校の場合、卒業生が出てき始めると、だんだん、一定の成果が出てきますからね。その意味で、幸福の科学学園は、幸福の科学とは違《ちが》う面を持っているので、当会を別のところから見ていただけるチャンスではありますよね。

一般《いっぱん》の人のなかには、宗教《しゅうきょう》と聞くと、そこで止まってしまう人もいるけど、学校だったら理解《りかい》できる面があるので、「幸福の科学学園で教育されて、どういう人が、どのようなかたちで出てくるのか」ということを見ている人がいる。「果実を見れば木が分かる」と言われるように、そこから、どういう団体《だんたい》なのかが推定《すいてい》できるわけです。

喜島　そうですね。地元のみなさんには、最初、「どんな学校ができるのだろう」と思い、戦々恐々《せんせんきょうきょう》としていたところもあるようですが、実際《じっさい》に学校ができ、子供《こども》たちが外を走っているのを見たり、声をかけて交流したりすることによって、「本当によい子供たちだなあ」という思いを持たれたようです。

例えば、文化祭のとき、実際に生徒たちの顔を見たり、那須精舎《なすしょうじゃ》の花火祭のとき、女子生徒たちが、きれいな浴衣《ゆかた》を着て、かわいらしく歩いている姿《すがた》や、挨拶《あいさつ》してくれる姿を見たりして、そう思われたようですね。

やはり、生徒たちは、その姿でもって大いに伝道してくれていると思いますし、地元への伝道も、しだいに進んできています。

学園への布施《ふせ》が生徒たちの「感謝《かんしゃ》の心」を育《はぐく》んでいる

大川　先般、「僕《ぼく》たちは世界を変えることができない。」という映画《えいが》を見たんですが、これは、「日本の医大生たちが中心になって、カンボジアで小学校をつくった」という実話をもとにした作品です。

学校を建てるには手持ちで百五十万円ほどあればよかったんですが、その学生たちは、百五十万円を貯《た》めるために、グループをつくって、アルバイトをしたり、カンパを募《つの》ったりして、お金を集め、「目標まで、あといくら」と言っていました。

「百五十万円を出せれば、世界銀行から、残りの約百五十万円の融資《ゆうし》が受けられ、学校が建つ」という、カンボジアの現状《げんじょう》を映画にしていたんですけど、現地の人たちは、そのお金で建てている学校を見て喜んでいましたね。

カンボジアでは、ポル・ポト政権《せいけん》下における大量虐殺《ぎゃくさつ》で、国民の四分の一以上に当たる二百万人余《あま》りの人が殺されて骸骨《がいこつ》になり、知識《ちしき》人は、ほとんど全滅《ぜんめつ》しました。特に、外国帰りの人たちは皆殺《みなごろ》しにされましたから、教育する側の人が、もういないんですよね。

喜島　いないですね。

大川　ですから、結局、教える人もいないし、学校もないし、国民の教育水準《すいじゅん》は低いので、農業・林業・漁業といった第一次産業しかない。そのため、収入《しゅうにゅう》がすごく低く、子供たちも、家の手伝いをしているだけで、勉強はできない状態《じょうたい》なんです。

映画では、そういう状況《じょうきょう》を撮《と》っており、百五十万円で建てようとしていた学校は建ったんですけど、それを見て、幸福の科学学園のことを振《ふ》り返ってみると、学園は、夢《ゆめ》のような、未来の学校に見えました。

喜島　そうですね。

大川　ええ。それは、もう夢のようで、その差は、「人力車」対「新幹線《しんかんせん》」ぐらいの違いに見えましたね。

喜島　学園の生徒たちに感謝《かんしゃ》の心が育っているのも、やはり、「学園は信者のみなさんの浄財《じょうざい》でできている。それは、余っていたお金ではなくて、苦労して苦労してお布施《ふせ》をされたお金なんだ」ということを、生徒たちが本当に感じているからなんです。

学園は、例えば、「自分は学校に行けなかったので、せめて、自分が働いて貯めたお金を使い、素晴《すば》らしい学校をつくってください」というような思いでなされた少額《しょうがく》のお布施をたくさん集めて、できた学校であるわけですね。

大川　そうそう。

喜島　そのため、その思いが、壁《かべ》や床《ゆか》、教室の備品《びひん》などに埋《う》まっているんです。

大川　なるほどね。

喜島　生徒たちは、それを感じています。そういう霊的《れいてき》なところがあるんですね。

大川　そうだねえ。

喜島　生徒たちには、壁を見ても、廊下《ろうか》を見ても、机《つくえ》や白板を見ても、そのなかにこもっている愛が感じられて、おのずから感謝の心が湧《わ》いてくるんです。

そこで、その感謝の心を手紙に書き、夏の「御生誕祭《ごせいたんさい》」と十二月の「エル・カンターレ祭」という、幸福の科学の行事のときに、寄付《きふ》してくださった方に、その「感謝の手紙」をお送りするようにしています。生徒たちの、いつも純粋《じゅんすい》な感謝の思いは、その環境《かんきょう》からも頂《いただ》いていると言えると思います。

幸福の科学学園の創立《そうりつ》は「将来《しょうらい》のための植福《しょくふく》」

大川　学園での私の法話《ほうわ》（二〇一一年四月七日「真のエリートを目指して」）が、『真のエリートを目指して』（幸福の科学出版刊）という、新しく出る教育系《けい》の著書《ちょしょ》に収《おさ》められているんですが、そこで、私は、今から七十年後（二〇八一年）のことを話しています。

それは、「二〇八一年は、私が大悟《たいご》してから百年後です。そのときに、私は、もう、この世にはいないと思いますが、みなさんのうちの大半の方は、まだ生きておられるのではないかと思います。そのとき、みなさんは、どういうかたちで百年目を迎《むか》えているのでしょうか。そういう世界を私は想像《そうぞう》してみるのです」というような話ですけどね。

喜島　はい。お聴《き》きしていて、涙《なみだ》が出ました。

大川　やはり、学園の生徒たちに対して、私には、「未来を託《たく》す」という気持ち、「あとは頼《たの》んだよ」という気持ちがあるんですよ。

第２回入学式記念法話「真のエリートを目指して」に聴き入る生徒たち。

喜島　はい。生徒たちにも、本当に、その思いが強く、「自分たちは、幸福の科学の未来だけではなく、世界の未来をつくるんだ」と本気で思っています。

大川　そうそう。二〇八一年には、私は実際に仕事がもうできないですからねえ。彼らにやってもらわなければいけないし、彼らが教えた人たちがやっているはずですから。そのための種まきを、今、しているんですね。

喜島　うちの生徒会は、今度の十月で二期目が終わり、次の生徒会に移行《いこう》しますので、もうじき選挙が始まるのですが、生徒会の仕事とは何かというと、全部、生徒たちが自分たちで企画《きかく》したものなんです。

例えば、「この学校を、主の理想を叶《かな》える最高の学校にするには、どうしたらよいか。みんなで話し合おう」と言って、生徒総会《そうかい》を開き、各グループごとにディスカッションを行《おこな》って、その結果を発表するんですが、それは、教師《きょうし》ではなくて、生徒たちが自分たちで企画し、生徒会長を中心にして、副会長と執行部《しっこうぶ》が、ほかの生徒たちと一緒《いっしょ》になってやるんですね。

大川　まあ、「学校をつくった」ということ自体が、植福《しょくふく》のようなものですね。「将《しょう》来《らい》のための福を植えた」という感じがします。自分たちの創意《そうい》工夫によって、自動的に大きくなっていくんでしょうからね。

喜島　ええ。それに、「生徒会に、これほど立候補者《りっこうほ》が多い学校というのも、なかなかないのではないか」と思うんです。

大川　そうだねえ。

喜島　正副の生徒会長の選挙に五人も七人も立候補します。

大川　ああ、そうですか。政治家志望《しぼう》の方もいるのかな?

喜島　政治家志望の方が非常《ひじょう》に多いんです。探究《たんきゅう》創造科では、高校一年生の二学期以降《いこう》、政治、経済《けいざい》、宗教など、それぞれの分野にグループが分かれるのですが、いちばん人数が多いのは経営《けいえい》ゼミで、その次が政治ゼミなんですね。さらに、その次が宗教ゼミです。ですから、「自分は、将来、日本の総理大臣、でなければ、大統《だいとう》領《りょう》になる」という子が一学年に二人か三人はいます。

つまり、「各学年が、それぞれ、大統領を輩出《はいしゅつ》する」ということになります。

大川　結構ですよ（会場笑）。今、日本では、一年ごとに総理大臣が変わるようなシステムが構築《こうちく》されつつありますので、それは可能《かのう》なことかもしれませんね。

喜島　これほど政治家志望が多い、あるいは、生徒会長への立候補者が多い学校というのも、珍《めずら》しいのではないかと思います。

日本にも、意見を積極的に述《の》べるカルチャーを

大川　そうですね。生徒に質問《しつもん》をすると、全員が手を挙げるしね。やはり、日本的でない部分があるよね。

喜島　それについても、生徒たちには、探究創造科の最初の授業《じゅぎょう》のときに、「ハーバード大学の教授は、『日本人に来てほしくない』と言っている。なぜかというと、授業というものは、生徒と教師が一緒になってつくっていくものであるにもかかわらず、日本人は、全然、手を挙げず、授業をつくることに協力しないからである。日本人は、授業に対して、与《あた》えるということをしないのだ」と言ってあるんです。

大川　そうだね。

喜島　「だから、『日本人はハーバードには来てほしくない』と言われている。しかし、君たちは、そうであってはならない。君たちは、やがて世界で活躍《かつやく》するんだから、手を挙げて、授業や学校を一緒につくっていく人間になっていかなければいけない」と言っています。

こういうことを最初に落とし込《こ》んでいるわけです。それで、生徒たちは、手を挙げるようになったと思います。

大川　ハーバードの人気ナンバーワン教授で、正義論《せいぎろん》を説いている、マイケル・サンデルさんは、千人ぐらいを収容《しゅうよう》する講堂《こうどう》で、学生たちに質問を出し、彼らと対話しながら行う講義で有名になりました。

あの情景《じょうけい》は、確《たし》かに、日本の学校では見られないものなんですが、幸福の科学のなかには存在《そんざい》するんですよね（笑）。

幸福の科学の行事で質疑《しつぎ》応答《おうとう》を行うと、基本《きほん》的には、あの状態になりますし、場合によっては、もっと激《はげ》しいかもしれない（笑）（会場笑）。質問しようとする人は、当ててほしくて、看板《かんばん》を上げたり、幟《のぼり》を上げたり、いろいろなことをするため、もっと激しい状態が起きていて、日本にしては珍しいのですが、日本の大学などでは、話を聴いている人たちは、当てられないように、沈《しず》んでいますよね。

幸福の科学には、そういう珍しいところがあるんですけど、やはり、そうでなくてはいけません。恥《は》ずかしがることなく、意見を言わなければいけないんですね。

喜島　ええ。それについては、どこかで明確《めいかく》にカルチャー替《が》えをしなくてはいけません。

大川　そうそう。

喜島　小学校や中学校のカルチャーは、そうなっていませんので、幸福の科学学園に入った生徒に対しては、「この学園では、こうだよ」と言っています。

大川　子供は、おとなしいほうが教育しやすいですからね。先生がたも、一人で三十人や四十人の相手をするとなると、とにかく、言うことをきいてくれて、おとなしい子のほうが、扱《あつか》うのが楽は楽だから、そうなるんですよね。

第3章

理想の英語教育を求めて

1　日本人の英語力の現状《げんじょう》

東大生の英語力では、アメリカの四年制《せい》大学に留学《りゅうがく》できない

大川　英語教育については、どう思いますか。

冨岡　大川総裁《そうさい》から頂《いただ》いております英語テキストが本当に素晴《すば》らしいですし、那須《なす》本校では、英語には生徒も教員の方《かた》もかなり力を入れて取り組んでいらっしゃるので、それが成果につながっていると思います。

特に、総裁より頂いた各テキストの「まえがき」を読ませていただくと、何かワクワクしてきて、自分が学生だったころの英語の勉強を考えてしまいます。

それらのテキストは、単なる英語の教材ではありません。そこには、例えば、

「『みなさんに世界伝道師《し》として活躍《かつやく》してほしい』という思いから、このテキストがつくられた」とか、「みなさんは、将来《しょうらい》、ビジネスの世界で活躍するであろう。だから、これは日本経済《けいざい》のテキストなのだ」とか、そういう願いが込《こ》められており、それが「まえがき」に表れていると思います。

それを読ませていただきまして、明治のころの人たちのことを思い浮《う》かべました。彼らも、おそらく、「海外の文明を吸収《きゅうしゅう》し、それを自分の仕事の力にして、日本を変えていきたい」という気持ちで、英語を勉強したと思うんです。

「日本が、もともと、明治維新《いしん》のころに行《おこな》っていた、本来の語学教育が、今、那須本校で行われているのではないか」ということが非常《ひじょう》に感じられ、ぜひ、関西校でも、それを受け継《つ》いで、さらに発展《はってん》させていきたいと思っております。

大川　今、当会は、英語にすごく力を入れているように、客観的には見えているだろうと思うんですね。

　昨日《きのう》も英語関係の雑誌《ざっし》を読んでいたら、留学《りゅうがく》生《せい》の英語力を測《はか》る「ＴＯＥＦＬ《トーフル》」という試験についで書いてあったんです。それは、外国人が英語の授業《じゅぎょう》を受けられるかどうかを測るための試験で、「ＴＯＥＩＣ《トーイック》」とは違《ちが》います。少し似《に》てはいますけどね。

　今は、昔とは違い、百二十点満点のようですが、アメリカの東部にある、いわゆるアイビーリーグの有名一流大学に行くには、その試験で百点以上が必要ですし、アメリカの普通《ふつう》の四年制《せい》大学に行く場合でも、八十点が必要なんです。

　日本の東京大学合格《ごうかく》者がＴＯＥＦＬを受けた場合、その平均《へいきん》点が六十点なので、この学力ではアメリカの四年制《せい》大学には入れません。アメリカには、外国から来た人が、とりあえず英語の勉強をするような場所として、「コミュニティカレッジ」という公立の学校があります。二年間、そこに通ってから、四年制大学に入ったりするわけですが、そのコミュニティカレッジの合格ラインが六十点です。

つまり、東大合格者の英語の学力は、アメリカの大学に入るための〝予備門《よびもん》〟のような、公立の二年制学校に入れるぐらいの学力なんです。しかも、その六十点まで行っているのは東大のみで、早稲田《わせだ》や慶応《けいおう》でも、五十五点か、それを少し下回るぐらいしかないんです。「MARCH《マーチ》」（明治［M］・青山学院［A］・立教［R］・中央［C］・法政《ほうせい》［H］）あたりで五十点ぐらいであり、日本の大学の平均は三十点前後です。

要するに、アイビーリーグに入るには百点が要《い》るのに、日本の大学生の平均点は三十点しかありません。また、アメリカの語学学校に入るために必要な六十点の半分の英語力しか、日本の大学生にはないんですね。

このことの〝破壊力《はかいりょく》〟は、かなりのものです。今、日本人の海外留学生は、かなり減《へ》っています。今朝（二〇一一年九月二十九日）の新聞を見たら、文科省《もんかしょう》は、「百億円ぐらい予算を付け、五、六十校を選んで、大学生の海外留学を促進《そくしん》したい」と言っていましたが、どうなるでしょうか。

一方、今、中国や韓国《かんこく》の留学熱には、ものすごいものがあります。

この点数を客観的に見れば、日本人に英語の力自体が足りていないのは明らかですね。私がつくった英語教材をマスターするレベルまで行くと、アイビーリーグの大学に入るのに必要な百点のレベルまで突破《とっぱ》できるんですが、それは、日本の他の学校では絶対《ぜったい》に教えられないレベルだと思います。当会の英語教材は、あのレベルを突破するあたりの英語力を身につけるために、つくり上げてあるんです。

学園では「英語における天才教育」が行われている

喜島　幸福の科学学園が始まったあと、大川総裁から英語教材を大量に五十冊《さつ》以上頂きましたので、その教材を中心にしてカリキュラムを組み直しました。

英単語集にしても、「そこに載《の》っている単語を五十語ずつ覚えていったら、クラスが一級上がる」という仕組みをつくりました。自分で勉強していけば、五十六級から、五十級、四十五級というように、〝飛び級式〟で、どんどんクラスを上げていけるシステムを採用《さいよう》して、本当に総裁のテキストどおりに勉強しております。

大川　私が要求している英語力のレベルは、東大の合格レベルではないんですよ。ずばり、アメリカ東部のエリート大学に合格できるレベルまで要求しているんです。そのレベルまで行かない人も、もちろん、多いだろうとは思いますが、頑張《がんば》れば、行く人もいるでしょうね。

いったん、「このくらいのレベルまで要るんだ」ということを示《しめ》さないかぎり、低いレベルで満足してしまい、そこまで行かないんです。だから、「実際《じっさい》に仕事をする段《だん》になると、このくらいまでは要求されますよ」ということを、お教えしているんですね。

喜島　そうですね。特に、総裁ご自身による特別講義のかたちで、中学校の英文法を、中学校一年生の一学期の段階で全部入れていただきました。

大川　かなりショックでしょう。一年生で中学校の文法を終わらせてしまいましたからね。

喜島　ええ。生徒たちにとっては、本当にチンプンカンプンなところから始まったんですが……。

大川　そうでしょうね。

喜島　そのあとは、やはり、記憶《きおく》に残っている部分があるので、「一度は学んだことの復習《ふくしゅう》」というかたちで、次の授業に入っていけます。また、「これは、全体のなかの、ここに位置するんだ」ということが分かった上で、授業を受けていくと、非常に大きなメリットを享受《きょうじゅ》することができると思います。

大川　バラバラに学んでいると、何をやっているのか、分からなくなるんですよ。現在進行形《げんざいしんこうけい》をやったり、過去形《かこ》をやったり、現在完了形《かんりょう》をやったり、仮定法《かていほう》をやったり、不定詞《ふていし》をやったり、バラバラにやっているうちに、何を勉強しているのかが分からなくなる。

喜島　バラバラに勉強していますと、「個別《こべつ》のも

のの勉強が、どれくらい続くのか」ということが分からないわけです。

大川　ええ。分からないんです。そして、まだ学んでいない文法の部分を入れない英語を勉強しているわけでしょう？　でも、それは本当の英語ではないんですよね。本当の英語には、もともと全部の文法が入っているんですから、「文法の勉強がすべて終わらないかぎり、英語の文が読めない」というレベルだったら、それまでは、実は偽物《にせもの》の英語をたくさん読まされていることになるんです。

ところが、ある程度《ていど》、文法の基礎《きそ》をカチッと学んでしまうと、本物の英語を読むことができます。

文法自体は、二週間ぐらいあれば、だいたい型枠《かたわく》は学べるんです。二週間ぐらいで中学三年分ぐらいの文法の型枠はつくれるので、入れ物をつくってしまえば、あとは、語彙《ごい》を増《ふ》やすために、単語や熟語《じゅくご》、慣用《かんよう》表現などを、きちんと覚えていけばいいんです。そうすれば、「読めて、聞けて、話せる」ようになってくるんですよね。

喜島　まさに、「英語における天才教育の型枠」を示していただきました。

大川　そうなんです。これは天才教育なんです。

喜島　それを頂いて以来、学園の中学校一年生の成績《せいせき》は本当にグーッと伸《の》び、「中一で中学校卒業レベルが三割《わり》」という実績につながったと言えると思います。

英語力の差が海外での営業力《えいぎょう》の差になる

大川　今の日本の高校や大学からは、本当に、ハーバードには十数人ぐらいしか留学していないらしい。それは、日本人の語学力が下がっているせいでもありますが、ほかの意味もある。つまり、日本の大学生の就職《しゅうしょく》内定時期が早くなり、前倒《まえだお》しで、すごく早いうちから内定が出るので、「留学している場合じゃない」ということもあって、海外留学の人気が落ちているんでしょうね。

私は、海外巡錫《じゅんしゃく》で、実際に、いろいろな国を回っていますが、海外のホテルに泊《と》まって、テレビなどの電気製品《せいひん》を見たら、韓国のサムスンの製品ばかりですよ。サムスン、サムスン、サムスンと、どこを見ても、悔《くや》しいぐらいサムスンで、日本のメーカーのものがないんです。昔は、あったのにね。

喜島　日本のメーカーがかつて占《し》めていた地位は、サムスンが今……。

大川　そう。たまにフィリップスがあるぐらいで、あとはサムスンなんですよ。

そのサムスンは、聞くところによると、TOEICで九百点以下の人は、新入社員のなかにはいないそうですね。最近では、「もう、九百点では低すぎて、九百数十点が普通です。そのくらいでないと、サムスンには入れません。これを、だいたい英語の中級レベルと考えています。上級は、もっと上だと考えています」と言っていますから、日本のメーカーでは、全然、勝てないですよ。

喜島　そうですね。自分で海外での営業《えいぎょう》活動ができますからね。

大川　サムスンの社員は、直接《ちょくせつ》、英語圏《けん》に行って売り込めるから、日本のメーカーは勝てないですよ。それで、「商社マンなら、自分たちより英語ができるだろう」と考えて、商社を通して売り込もうとしても、商社マンの英語力は、そのサムスンよりさらに下を走っているので、勝てない。

喜島　七百点台レベルですよね。

大川　学校の英語の先生も、そんなものでしょう。高校の英語の先生は七百点台、中学の英語の先生は六百点台が普通で、ほとんど同じだから、この人たちに教わっても、九百点台を取れるわけがありませんからね。だから、レベルをもう少し上げないと、国際競争で完璧《かんぺき》に負けるのは、もう見えているんです。

2 本物の英語力を身につけるために

「うまく会話できなかった悔《くや》しい体験」を忘《わす》れるな

喜島　学園の英語教師《きょうし》には、「TOEIC《トーイック》で九百三十点以上」という方がかなり多いのですが、全員に英検《えいけん》一級にもチャレンジしてもらっています。

大川　でも、先生たちがアメリカの東海岸に生徒たちを連れていき、ホームステイの案内をしているところが映《うつ》っているビデオを見ていたら、私の子供《こども》たちからは、「先生がたの顔が、こわばっている」という意見が出ていました（笑）。

喜島　（笑）

大川　「うっ」という感じで、まだ苦戦しているのではないかと思われました。

喜島　ええ。ただ、おかげさまで、東海岸に行った生徒たちは、その次の試験では、スピーキングとヒアリングの成績《せいせき》がグーッと上がっているんです。

大川　ああ、そうですか。

喜島　はい。もっとも、それ以外のところでは、そこそこの点数なので、また、コツコツと勉強していかなくてはいけないんですけど。

大川　できないことも体験したほうがいいんですよ。
　英検の二級ぐらいまでを取って行っている人が、わりに多かったと思うんですけど、英検の二級は、だいたい、海外旅行の際《さい》に、買い物をしたり、ホテルに行ったり、乗り物に乗ったりできるぐらいのレベルでしょう。

そのあたりでは、普通《ふつう》の家庭にホームステイをしても、まだ会話が十分には成り立たないし、授業《じゅぎょう》を聴《き》いても、よく分からないでしょう。これは、実体験したら分かることなんです。

だから、「英語力は、このくらいでよい」と勝手に決めていても、海外に行けば、そんなものでは済《す》まないことが分かるわけですね。その、「できなかった」という思い、恥《はじ》をかいた感覚は実に大事で、それを忘《わす》れないでいただきたいんです。

高校の三年間や中高での六年間ぐらいでは、その壁《かべ》を超《こ》えられない可能性《かのうせい》は高いんですけど、壁を超えていない部分の不全感のようなものを、大学以降《いこう》も持ち続けていただきたいんですよね。

喜島　そうですね。私が「生徒全員を行かせてあげたい」と思ったのは、私自身が、中学校三年生のときにイギリスに短期留学《りゅうがく》をし、「うまく話せない」ということを実感して、「何とかしたい」と思ったからなんです。

大川　実に話せないもので、電話なんか、怖《こわ》いぐらいですよね。実に話せない。学校の授業で英語教育を受けていて、英会話ができるはずなのに、なぜか、できない。

喜島　でも、それ以降、「何とか、やらなくてはいけない」という思いを、ずっと持ち続けていれば、それが、そのあとの大きなモチベーションになって、「世界に出て行こう」という気

高校の海外語学研修で訪れたニューヨーク（リバティアイランド）での記念撮影。

持ちにもつながっていくと思います。
「伝えていこう」という意欲《いよく》や勇気を持て

大川　あとは、やはり勇気だよね。「表現《ひょうげん》していこう」というか、「伝えていこう」とする意欲《いよく》や勇気が大事なんだ。これを教育でできていないことが大きいんですよ。引っ込《こ》んでしまい、悪い面を相手に見せないようにしようとするところがあるよね。

喜島　だから、東海岸に行く生徒たちには、「まずは度胸《どきょう》だ。とにかく話せ」と言いました。

大川　そうそう。

喜島　出発前、全員に対して、幸福の科学の英語パンフレットを、三冊《さつ》、配りまして、「とにかく、伝道して、これを渡《わた》してきなさい」と言いました。それをミッションション（使命）として与《あた》えたんです。

そのため、少なくとも、自分が入ったホームステイ先の家庭では、「私は、こういうところで、こういう勉強をしています」ということを話してきていますし、また、帰ってくる飛行機のなかでも、自分の隣《となり》に座《すわ》った人に話しかけて、伝道したりしています。とにかく、「全員が必ず伝道をした」という外国旅行になっています。

大川　ダボス会議（世界経済《けいざい》フォーラム年次会議）という国際会議があって、そこでは各国の政財界《せいざいかい》のトップなどが英語でスピーチをするんです。そのCDが売られているので、聴いたことがあるんですけど、実に英語が下手《へた》なんですよ。

砂漠《さばく》地帯やインド、マレーシア、韓国《かんこく》、中国など、いろいろな国の人で、ビジネス界のトップや、以前、その国の首相をしていた人など、ノンネイティブの人たちが英語で話しているのですが、実に下手な英語を堂々と話しています。この度胸には、まいりますね。

日本の首相は、全然、一言《ひとこと》も話せないで帰ってくることが多いでしょうね。今回、野田さんも、一言も話せなかったんではないかと思います。

彼らは下手ですよ。発音も下手、イントネーションも下手で、英語とは認《みと》められないような〝英語〟ですが、平気で十分も二十分も話しているんです。その度胸は素晴《すば》らしい。

喜島 そうですね。私は、大学のときに一人旅をして、十分な英語力がないにもかかわらず、度胸だけで、あちこちを回ってきたんですが、

海外語学研修での授業の様子（ボストン近郊）。

「英語力が十分ではなくても、とにかく出ていって話をし、そこで英語力を身につけていく」というマインドは、これから当会が世界伝道をしていくに当たっては必要だと思いますね。

大川　やはり、「通じさせよう」という意欲ですよね。強い意志《いし》というかね。

喜島　ええ。「完成していなくても、とにかく、飛び込んでいく。そのなかで実力をつくっていく」というマインドを、生徒たちにも少しずつ持たせたいと思います。

大川　だから、減点主義《げんてんしゅぎ》の教育も、少し行きすぎるといけないですね。秀才《しゅうさい》ほど臆《おく》病《びょう》になってくる傾向《けいこう》が、どうしても出るのでね。これは、よく見る現象ですよ。やはり、最終的には官僚《かんりょう》や学者のような姿《すがた》になるのかなあ。「間違《まちが》いをすごく恐《おそ》れる」という、あの考え方は生産性が低いんですよね。

喜島　そうですね。「不十分でもいいから、やれ。やりながら、つくっていけ」と言いたいところです。

大川　やっているうちに、勉強せざるをえなくなってくるし、間違いは出るんだけど、考えてみれば、ネイティブの人だって言い間違いはたくさんする。

日本人が日本語を話しているのを見ても、文法的に間違っているのは数多くあるじゃないですか。私は東京正心館《しょうしんかん》などで質疑応答《しつぎおうとう》をしたりするけど、質問している人の日本語を文章に起こしてみたら、ほとんど日本語になっていなくて、文法的に目茶苦茶《めちゃくちゃ》ですよね。

でも、日本人だから、「自分は日本語が下手だ」とは思っていない。なかにはノートを読み上げて質問する人もいるけど、ノートに書いていても、やはり、文法的には目茶苦茶な日本語で質問しているから、あれを解析《かいせき》するのは極《きわ》めて困難《こんなん》なことなんです。

喜島　それでも、やはり、日本人同士で話が通じているのと同じように、英語の場合も、こちらが不十分な英語を話していても……。

大川　相手の言っていることがよく分からなくても、何か答えなくてはいけないかられ。だから、どこかの部分を捉《とら》えて答えるしかない。

ホームステイで高く評価《ひょうか》された学園生たち

喜島　今年の春の海外語学研修《けんしゅう》でも、そのマインドの部分、すなわち生徒たちの「伝えたい」という思いの部分は、相手に伝わっていました。

ホームステイの受け入れ側であるアメリカには、コーディネーターとして英語の教師チームがあるのですが、そのリーダーの方が、お世辞かもしれませんけれど、

「これまで、日本から、いろいろな学校を受け入れたけれども、この学校の生徒たちが、いちばんいい」と言ってくれたんです。

大川　そうですか。うれしいですね。

喜島「礼儀《れいぎ》正しいし、前向きだし、『自分のほうから心を開《ひら》いて、相手に溶《と》け込んでいこう』という思いが非常《ひじょう》に感じられた」と言ってくれました。

最後のフェアウェルパーティー（お別れ会）で、生徒たちは、合唱祭のときに歌った歌を全員で合唱してきたのですが、アメリカのみなさんは本当に万雷《ばんらい》の拍手《はくしゅ》をしてくださいました。

また、それだけではなくて、もう一つ、生徒たちは、その先生に教えていただいたアメリカの愛国歌、「♪アメリカ、アメリカ〜」という歌を、その場で覚え、英語で歌ったのですが、そういう気遣《きづか》いを感じてくださり、最初の歌のときを超える拍手をしてくださったんです。

その場で初めてやることであっても、アメリカならアメリカのみなさんが喜んでくれるようなことを、やはり、やっていくことが大事で、「それが、自分たちを受け入れてもらえるきっかけになるのだ」ということを、生徒たちは学んできました。

大川　英語には、言語でのコミュニケーションだけでなく、もう一つ、ボディーランゲージ、すなわち、体で表現する部分がありますよね。礼儀作法とか表情《ひょうじょう》とか、いろいろなもので伝わる部分がやはりあって、そのへんについて、向

ホームステイでお世話になった人たちとの
フェアウェルパーティー（お別れ会）にて。

こうの人は見誤《みあやま》らないですね。
学園の生徒たちの立ち居振《いふ》る舞《ま》いや行動などを見ていれば、「どういう人たちであるのか」ということに関して、まず見誤ることはないので、そういう評価《ひょうか》には、やはり、学校での日頃《ひごろ》の修行《しゅぎょう》が効《き》いているのではないでしょうか。

喜島　英語では、なかなか、うまく話せはしませんでしたが、生徒たちにとっては、とにかく、ハート・トゥ・ハートで、「伝わるところは伝わる」ということを体験したことが大きいと思います。

第4章　新時代の科学教育のために

1　関西校に期待すること

教師《きょうし》は「教育に対する情熱《じょうねつ》」がすべて

司会　今のお話で、世界に通用する子供《こども》たちを育てるための教育のあり方が、よく分かりました。それだけの質《しつ》の高い教育やマインドをつくっていくのは、教師《きょうし》のみなさんも大変ではないかと思いますが、関西校の開校も間近なので、ここで、やはり、冨岡校長に、教師のみなさんに期待することや、関西ならではの「世界に通用する教育」について、お話を伺《うかが》いたいと思います。

冨岡　今、教員採用《さいよう》の面談を進めているところですが、応募《おうぼ》される方には、幸福の科学の信者が多く、みなさん、非常《ひじょう》に情熱《じょうねつ》的です。最後は、やはり、教育に対する情熱のところがすべてだと思っています。

大川　うんうん。

冨岡　校長は、普段《ふだん》は授業《じゅぎょう》を受け持つわけではありません。直接《ちょくせつ》、生徒と接するのは、やはり教員の方々です。したがって、「教員として、いかに素晴《すば》らしい人材に来ていただくかが、教育のすべてである」と、非常に強く感じております。

今、那須《なす》本校のほうは、本当に素晴らしい学校として立ち上がってきておりますが、関西校設立《せつりつ》のために大川総裁《そうさい》から賜《たまわ》りました経文《きょうもん》（「幸福の科学学園関西校設立祈念《きねん》・植福修行《しょくふくしゅぎょう》祈願《きがん》」）

のなかには、「限《かぎ》りなく関西の地を愛しておられる、ヘルメスよ」[注2]というお言葉がございます。

やはり、関西の方々、西日本の方々は、特にヘルメス神がお好きですので、「本当にヘルメス神から愛されている関西の地に、素晴らしい学園を頂《いただ》ける」という喜びの下《もと》に、ぜひとも立派《りっぱ》な学校をつくっていきたいと考えております。

［注2］ヘルメスは、エル・カンターレの分身の一人。九次元存在《そんざい》。約四千三百年前のギリシャに生まれ、地中海文明の基礎《きそ》をつくった。『愛は風の如《ごと》く（全四巻《かん》）』『愛から祈《いの》りへ』『信仰《しんこう》のすすめ』（いずれも幸福の科学出版刊）参照。

関西校では理系《りけい》や経営者《けいえいしゃ》教育にも力を入れていく

大川　那須本校とは、どのような違《ちが》いがあるでしょうかね。校長の性格《せいかく》の違いが出るのか、それとも、組織《そしき》的な方針《ほうしん》に違いが出るのか、そのあたりは、どうでしょうか。

（冨岡に）あなたは東大で理系《りけい》と文系の両方を経験《けいけん》している人なんですよね。

冨岡　はい。受験では理系のほうに入りました。

大川　入ってから文転《ぶんてん》したんですね。

冨岡　そうです。専門課程《せんもんかてい》に進むときに、文転いたしました。

大川　でも、理系から経済《けいざい》学部へ入るには、ものすごく高い点数が必要なんだよね。

冨岡　そうですね。ただ、法学部へ行く場合ほどではありません。

大川　法学部ほどではないけれども、けっこう難《むずか》しいよね。

喜島さんのように山歩きばかりしていたのでは（笑）、なかなか入れないはずです。

あなたは、理系と文系の学問を両方やったということで、関西校では、校長自らが理系の側面をやや強めに出せるのでしょうか。

冨岡　はい。受験では理系を受けましたので、「理系の生徒の受験については、いちおう分かる」という強みがあります。

大川　経済学でも数学を使いますしね。

冨岡　はい。そうですね。

大川　関西校では少しだけ何か違いがあってもいいかもしれませんね。

あとは、やはり、ヘルメス像《ぞう》を置く以上、私は、経営者《けいえいしゃ》、企業家《きぎょうか》などを数多く出したいと考えています。

冨岡　関西には経営者の方が多いので……。

大川　ニーズがあるかな？

冨岡　はい。あとは、関西校は立地的にも非常に恵《めぐ》まれた場所にありますので、信者の方が経営する企業などと連携《れんけい》し、学園にお招《まね》きしてお話をしていただいたり、こちらから会社のほうに赴《おもむ》いて、少し職業《しょくぎょう》体験をしてみたりする機会を持ちたいと考えています。ぜひとも、経営者教育のところは力を入れてやりたいと思っております。

大川　那須本校のほうは、どちらかというと、職員子弟《してい》の比率《ひりつ》が高いので、宗教家《しゅうきょうか》になる人が多いかもしれませんね。

喜島　そうですね。あるいは、宗教家ではなくても、例えば、「経済人として、大《だい》黒天《こくてん》を目指す」というように、自分の職業を通して宗教的使命を果たしたいと考える人たちが多いようです。また、理系であっても、「主の教えを科学的に証明《しょうめい》する」というような面では共通部分があると思います。

2　宇宙《うちゅう》時代の教育に向けて

タイムマシンが実現《じつげん》する可能性《かのうせい》が出てきた

大川　また少し脱線《だっせん》しますが、最近、スイスとイタリアのほうで行われた素粒子《そりゅうし》の実験で、光の速度を超《こ》える素粒子が発見されたというニュースがありましたね。

喜島　はい。ありましたね。

大川　それについて、評論家《ひょうろんか》やＳＦ作家などが、いろいろと論評《ろんぴょう》していましたが、もし、これが本当だったら、要するに、「スイスのジュネーブから発射《はっしゃ》する前にイタリアに到着《とうちゃく》している」ということが起こります。

これは、「まだ発射していないのに到着している」ということなんですよ。「発射してから到着するのではなく、発射するより前に到着している」ということが起きるわけです。もし、本当にこれがありうるとしたら、とうとうＳＦの世界が現実《げんじつ》になり、タイムマシンが実現可能《かのう》になるわけです。

喜島　そうですね。

大川　過去《かこ》への旅や未来の旅ができるようになる可能性《せい》があります。

喜島　はい。

大川　もう一つの可能性としては、次のようなことも言えます。

アインシュタイン的に言うと、三次元では、光速に近づくと、すべてが動かなくなって止まっているように見える世界になる。つまり、時間が止まってしまうはずなんですよね。

しかし、もし、四次元、五次元、六次元、七次元というような高次元があって、高次元の素粒子なるものが存在《そんざい》するとしたら、アインシュタインの「光の速度を超えるものはありえない」という理論は崩《くず》れるはずです。それで、専門家《せんもんか》のコメントのなかには、「もし高次元素粒子が存在すれば、光速を超えることもありうる」と言っているものもありました。

しかし、それは、当会が、もうとっくに説いていることです。「光速を超える霊《れい》速《そく》というものがあり、高次元の存在は霊子《れいし》でできているので、実は過去にも未来にも行けるのだ」ということを、すでに説いているのですが、意外に、数学や物理学を勉強した人が、私たちが説いている、そういう世界を証明《しょうめい》してくれる可能性が出てきましたね。

喜島　本当にそうですね。

冨岡　ぜひ、幸福の科学大学で……。

大川　ええ。何かやりたいですね。

冨岡　はい。

幸福の科学の考え方はＵＦＯや宇宙人《うちゅうじん》にも対応可能《たいおうかのう》

大川　あの世の物理学的・数学的証明と、宇宙航行技術《うちゅうこうこうぎじゅつ》については、宇宙人から教えてもらったほうがよいかもしれません。宇宙人を拉致《らち》し、監禁《かんきん》して吐《は》かせるとかね（会場笑）。日本語を教えて、話をさせて、それを数式に置き換《か》えるなどして、教えてもらわないといけませんね。

　こちらのほうは、それを教えることはできないのですが、関心だけは示《しめ》しているので、才能《さいのう》のある人は、おそらく研究し始めるでしょうね。

喜島　学園の生徒たちは、大川総裁《そうさい》のご著書《ちょしょ》の「宇宙人シリーズ」が非常《ひじょう》に好きで、よく読んで研究しています。

大川　今日は、二〇一六年に開学予定の幸福の科学大学の学長は呼《よ》んでいませんが、幸福の科学大学も、きっとＵＦＯを飛ばそうとするでしょうね。

喜島　実は、この前の花火祭のときにもＵＦＯが現《あらわ》れました。

大川　よく出ると聞きますよね。那須《なす》本校には私の子供《こども》もいますが、生徒が、よく、ＵＦＯや宇宙人を見たり、幽霊《ゆうれい》を見たりしているようです。「ときどき出る」ということで、ＵＦＯや宇宙人に名前まで付けているそうですね。

敷地《しきち》が広いので、来るかもしれません。着陸しても分からないので、警察《けいさつ》や消防《しょうぼう》隊《たい》が来たりはしないでしょう。山間《やまあい》で、着陸するにはちょうどよい所ですからね。

喜島　そうかもしれませんね。来ても周囲には分かりませんし、生徒たちは、みな宇宙人のことを理解《りかい》していますから。

大川　生徒たちには、みな、ウェルカムの気持ちがあるし、町から機動隊が捕《つか》まえに来るまでには、十分に逃《に》げる時間がありますからね。

喜島　ＵＦＯを見た途端《とたん》に、「これはプレアデス系か、ベガ系か」とか、出てきた宇宙人を見て、「これは◯◯系だ」とか（会場笑）、迎《むか》える側が分かっているわけです。そういうところは、ほかにはないでしょうね。

大川　今、「学園を舞台《ぶたい》にしたＵＦＯ・宇宙人映画《えいが》を実写でつくろう」という計画をしているのですが、映画を撮《と》っているうちに本物が出てきたりしたら、面白《おもしろ》いですね（会場笑）。「協力・プレアデス星人」とか、「協力・ベガ星人」とかいう感じで、出演《しゅつえん》したりしてね（笑）。

喜島　花火祭のときには撮影《さつえい》部隊がいましたから、ＵＦＯの映像《えいぞう》も収《おさ》めていたはずです。

大川　宇宙人たちも当会に協力的で、よく出てくるのですが、最近のハリウッド映画のように、宇宙人を見たら、すぐに、「地球侵略《しんりゃく》だ。戦って撃退《げきたい》しなければならない」と考えるようでは、彼らも出てこられないですよね。

日本には、ＵＦＯが着陸できるような場所は、ほとんどありません。着陸している間《あいだ》に何かをされてもいけませんし、もし捕まったら、どうせ〝上野動物園送り〟でしょう（会場笑）。それでは、たまりませんよね。

たいていは、そうなってしまうので、残念ながら、姿《すがた》は現さずに、まずは、言葉というか、テレパシーでの交信になるでしょうね。そうすると超能力《ちょうのうりょく》が必要になりますので、そちらも解明しなければいけないですね。

これは、もう、未来に託《たく》すしかないかもしれません。

喜島　はい。あまり表には出さないようにしていますが、そういう霊的感受性の強い子は、学園生のなかには、けっこういます。

大川　そうでしょうね。やはり、どうしても、そうなるだろうと思います。

特に、ああいう、昔から霊場《れいじょう》があるような場所は、みな、そうです。山とか川とかね。そういう、精妙《せいみょう》な波動《はどう》で雑音《ざつおん》のない、精神統一《とういつ》をしやすい所にいて、雑念のない透明《とうめい》な心を持っていると、やはり霊的なものを受けやすくなります。

ＵＦＯや宇宙人に関して、何もソフトがない場合には対応《たいおう》不能ですが、当会の人の場合には、みな、ある程度《ていど》は理解しているので、何とか対応はできるだろうと思います。

広大な総本山・那須精舎に隣接する、幸福の科学学園那須本校の全景。
左奥は、那須精舎の大ストゥーパ（仏塔）と涅槃池。

喜島　そうですね。学園では、そういう子も変人扱《あつか》いはされません。「ああ、そうなんですか」という感じで理解してもらえますから。

大川　ただ、できれば、大学卒業ぐらいまでは、実学をしっかり勉強したほうがよろしいと思います。あまり、そちらのほうに行きすぎると、勉強のほうができなくなることがあります。「自習室で勉強しているのかと思ったら、実は霊と話をしていた」などということでは、あまり勉強が進みませんからね。

喜島　はい。その方向で指導《しどう》してもらっています。

司会　この鼎談《ていだん》は、いずれ書籍《しょせき》になりますので、なかなか宗教《しゅうきょう》に理解を示せない方々にもご理解いただけるようなお話も……。

大川　ああ、そうですか。ハハハ。

司会　ただ、「幸福の科学学園では、今の話題のような、普通《ふつう》の学校では教えてくれないようなことまで教わることができる」ということだと思います。

第5章

発《はっ》展《てん》・繁《はん》栄《えい》を目指す教育を

1 戦後教育の問題点を克服《こくふく》するには

幸福の科学の基本《きほん》にあるのは「自由の哲学《てつがく》」

司会　これまでのお話を伺《うかが》っていて思ったのですが、宗教《しゅうきょう》教育に対して理解《りかい》のない人たちにとっては、それを警戒《けいかい》するのは正直なところかもしれません。「洗脳《せんのう》によって、どこを取っても、誰《だれ》を取っても、同じような、画一的な人間ができてしまうのではないか」「おかしなことを考えて、何かをしでかすのではないか」ということに対する警戒心が、やはりあるのではないかと思います。

ただ、今までのお話を通して、「幸福の科学学園では、そのようなことは決してない」ということが分かりました。「本当に前向きで積極的で、個性《こせい》が伸《の》び伸びと花開き、未来に向かって力強く人生を歩んでいくことができる。それは宗教教育の賜物《たまもの》なのだ」ということが、よくお分かりいただけたと思うのです。

やはり、戦後教育の問題点に関しては、大川総裁《そうさい》からも、いろいろとご指摘《してき》を頂《いただ》いており、それを受けて、喜島校長も冨岡校長も、いろいろな教育システムを考えていらっしゃると思います。

そこで、「宗教教育の素晴《すば》らしさ」について、戦後教育が抱《かか》える問題なども踏《ふ》まえた上で、改めて、お三方でお話しいただけたらと思います。

大川　当会には、いわゆる「自由の哲学《てつがく》」が基本《きほん》にあるんですよ。宗教というと、全体主義《しゅぎ》的なイメージを持つ人が多いでしょうし、実際《じっさい》には、そういうものもあるとは思うのですが、当会は「自由の哲学」の系譜《けいふ》を引いているので、全体主義的な考え方や権威《けんい》主義、あるいは、独裁《どくさい》的なものに対しては、政治《せいじ》的にも徹底《てってい》的に批判《ひはん》を加えています。

その基礎《きそ》にあるのは、やはり、「一人ひとりの人間が仏性《ぶっしょう》を持っている」ということです。それは、法律的《ほうりつ》に言えば、「基本的人権」の部分に当たるわけですが、「一人ひとりが、尊《とうと》い光を宿した存在なのだ。その、尊い光を宿した存在《そんざい》が、自分の魂《たましい》の傾向《けいこう》性に合わせた自己実現《じこじつげん》をしていくところに、ユートピアが生まれてくるのだ」という意味での「自由の哲学」が基本にあるのです。

したがって、必ずしも画一型ではありません。

先般《せんぱん》、私はマレーシアへ巡錫《じゅんしゃく》し、講演《こうえん》を行いましたが（二〇一一年九月十八日の法話《ほうわ》〝The《ジ》 Age《エイジ》 of《オブ》 Mercy《マーシー》〟〔慈悲《じひ》の時代〕）、マレーシアの人のほか、イラン人も少し来ていました。

マレーシアでは、「イスラム教徒に伝道してはいけない。イスラム教から他の宗教に改宗したら死刑《しけい》になる」など、いろいろな〝脅《おど》し〟があるため、現地の支部《しぶ》のほうも中華《ちゅうか》系ばかりに伝道しているようです。そのため、信者の九十数パーセントは中華系で、あとはインド人が少し入っている程度《ていど》であり、ムスリム（イスラム教徒）への伝道は怖《こわ》がっています。

それならば私がやるしかないので、巡錫に行ったわけですが、講演で、「今のマレーシアの首相は、以前の『ルック・イースト政策《せいさく》』の次に、新しい政策として、『二〇二〇年までに先進国入りを目指そう』と考えているようだけれども、文化政策が伴《ともな》っていなければ、この世的なもの、物質《ぶっしつ》的なものだけを求めても駄目《だめ》である」と、政府の政策を批判しました。

今のマレーシアの文化政策は完全にムスリム優遇《ゆうぐう》になっており、例えば、中華系の人たちが土地・建物等の不動産を取得する場合には、十パーセントぐらい損《そん》をするようになっています。「中華系の人たちが儲《もう》けたものを、ムスリムのほうに分配して差を埋《う》める」というような政策を行っているのです。

そして、宗教的に非寛容《ひかんよう》です。「ムスリムに伝道してはいけない。改宗させてはいけない」と言っていますが、『コーラン』には、そういうことは書いていないんですよ。『コーラン』は、寛容と平和を説いていて、そのような差別を説いてはいないのです。「ムスリムに伝道してはいけない」などとは一言《ひとこと》も書いていないし、

「ムスリムを改宗させてはいけない」とも書いていないのです。

そのイスラム教だって、キリスト教徒を改宗させたりしていますから、これは、お互《たが》いに法《ほう》戦《せん》なんですよね。

「宗教に関して、何が正しいと思うか」ということは、やはり、各人の自由に任されているところはあるので、そのように防衛網《ぼうえいもう》を張《は》ることは、実は、今、イスラム教が劣勢《れっせい》にあることを意味しているわけです。「垣根《かきね》を取り払《はら》ったら、一気にやられてしまう」ということです。

何にやられるのかというと、キリスト教系を中心とする、個性や自由を尊重《そんちょう》する文化です。

それが、なだれ込《こ》んでくるわけですよ。そうすると、「貧《まず》しくても、みなが同じならよい」と言って、画一的に押《お》さえ込んでいる統治《とうち》政策のほうが、あっという間に崩《くず》れるわけです。

「でも、それを崩さなければ、先進国入りはできませんよ」ということを、私は、いろいろなものに仮託《かたく》しながら、あえて申し上げたのです。

マレーシアでの講演の前日、現地の支部長が、「たぶん、明日《あした》は三千人が来ますが、こちらのＣＩＡに当たるような人も、当然、潜入《せんにゅう》してきますから、そのつもりでいてください」と言っていましたが、私は何も怖くないのです。「やれるものなら、やってみなさい」という思いです。

日本のエンプレス（皇后《こうごう》）である美智子妃《みちこひ》も、二十年以上も前から私の本を読んでいますし、野田首相も私の著書《ちょしょ》や法話《ほうわ》で勉強しているぐらいなので、全然、何ともないのです。「日本の国と事を構《かま》えてでも、自国の政策を守りたい」というほど、向こうの〝ＣＩＡ〟や公安の人が頑強《がんきょう》に思っているのかどうか、それは知りませんが、私は堂々と〝兜割《かぶとわ》り〟で立ち向かっていったのです。
高踏的《こうとう》な言い方ではありますが、「政策が間違《まちが》っている。文化政策を変えないと先進国入りはできない」と、いちおう言っておいたので、おそらく影響《えいきょう》は出るだろうと思います。

自由がなければ、発展《はってん》・繁栄《はんえい》の花は開かない

喜島　那須《なす》本校でご縁《えん》を持った方のなかに、イラン出身のイラン人の方がいました。その方はパーレビ王朝時代に日本に来たのですが、その後、革命《かくめい》が起きたので、そのまま日本に残り、日本の女性と結婚《けっこん》したそうです。大学出のインテリで、日本語も話せる方なので、あるとき、その方に話しかけて、幸福の科学の教えを伝えたところ、三帰誓願《さんきせいがん》されました。

大川　そうですか。

喜島　その方は、イスラム教の教えの不十分なところを十分に分かっていて、「幸福の科学の教えは素晴らしい。ぜひ、『正心法語《しょうしんほうご》』(幸福の科学の根本経典《こんぽんきょうてん》)を日本語からペルシャ語に訳《やく》したい」と言い、ボランティアとして、イランで教育を受けた人のペルシャ語による『正心法語』をつくってくれています。

それを見ると、本当に、当会の教えは、ムスリムの方でも十分に帰依《きえ》できる教えであることが分かります。

大川　イランには、今、五、六十人以上の信者がすでにいて、先般のクアラルンプールでの講演にも二十人弱が来ていました。

そのなかには、政府高官と大学教授《きょうじゅ》を兼《か》ねているトップクラスの方もいました。その方は私の本を翻訳《ほんやく》しているのですが、アラビア語の『コーラン』をご進呈《しんてい》いただいたので、私はアラビア語も勉強しないといけないですね(笑)。「これは大変だな」と思いながら、いちおう手元に置いてあります。

彼らも、矛盾《むじゅん》しているところは、きちんと分かっているんですよ。しかし、「古い教えを絶対《ぜったい》に変えてはいけない」というかたちで、けっこう圧政《あっせい》に使うんです。今、イスラム圏《けん》で、いろいろと紛争《ふんそう》が起きていますが、あれは、やはり自由を求める動きだと思いますね。

宗教を、そういう政争の具、人々を抑圧《よくあつ》する道具として、上手に使う輩《やから》がいるわけです。「神以外は、みな平等だ」と言いながら圧政をかけてくると、基本的に共産主義と同じスタイルが出来上がるんですよ。

だから、今、私は、ここを壊《こわ》しに入っているのです。共産主義圏のほうにも自由化の思想を入れていますが、イスラム圏のほうにも、この思想を入れています。彼らも発展《はってん》・繁栄《はんえい》を求めていますが、その基礎になるのは、やはり「自由」なんですよ。教育の自由がなく、洗脳だけであったら、花は開きません。

ですから、当会は、洗脳とは対極にあって、信者たちが新聞やテレビを見ても別に構わない宗教です。それを見たところで、十分に耐《た》えられる内容を持っているからです。むしろ、逆に、マスコミのほうが当会から査定《さてい》される立場になっています。

「仏《ほとけ》に向かう自由」を担保《たんぽ》するゴールデン・ルール

喜島　幸福の科学学園には、「自由闊達《かったつ》な校風」という方針《ほうしん》を頂いておりますので、非常《ひじょう》に自由な雰囲気《ふんいき》がありますが、ただし、「それは方向性のある自由だ」ということを教えています。

大川　うんうん。なるほど。

喜島　私は、「仏《ほとけ》に向かう方向においては百パーセント自由である。仏へ向かうアプローチの方法については、さまざまに工夫してよい。それは、例えば、経済《けいざい》であったり、ダンスであったり、映画《えいが》や演劇《えんげき》などの表現であったりするだろう。そのように、仏の方向に向かっていくならば、自分の個性をどんどん出していくことは、すべて自由である」と、生徒に言っております。

そういう意味では、生徒たちは非常に個性的に自分の強みを発揮《はっき》し、自分なりの成果をあげてきていると思います。

また、「自由と規律《きりつ》」の問題は、ほかのボーディングスクール（全寮制《ぜんりょうせい》の学校）にもあるわけですが、当学園においては、「自由のなかには、『地獄《じごく》の自由』『地獄に向かう自由』があるけれども、うちの学校では許《ゆる》しません。それに対しては規律をつくるので、その規律を守ってください」と言っています。

そのように、「仏に向かう自由」をいつも言っていると、逆に、非常に個性的な創造《そうぞう》性や発展というものが生まれてくることを、一年半たって、実感しております。

大川　先般も、学園で、私は、「自分が人にしてほしいことを、人にもしなさい。自分が人にされたくないことは、人に対してもしてはいけない」という、ゴールデン・ルールの話をしました（二〇一一年七月二十日の法話「善悪《ぜんあく》を知る心」）。

これは、大きな世界宗教のなかに、基本として、一本、通っている筋《すじ》なんですね。これが実は正義論《ろん》の要《かなめ》の部分です。

今、「天国というか、仏に向かう自由と、地獄に向かう自由がある」という話がありましたが、結局のところ、「基本的にゴールデン・ルールを守りなさい」ということですよね。そこから、必要な規律も出てくるでしょう。

要するに、「法律は、人々を罰《ばっ》するためにあるのではなく、人々が社会で自由に行動するためにあるのだ」ということです。

終業式当日の法話「善悪を知る心」より。

これは経済学者のハイエク的な考え方ですね。つまり、「法律は、昔のように、人を取り締《し》まるためにあるのではない。法律を犯《おか》さないようにしていれば、法律の範囲《はんい》内では何をしても構わないのだ」という思想です。

法律は、そのように、人間の自由を守るためにあり、「各人が幸福に暮《く》らしていくためには、共通項《こう》として、だいたい、こういうことを守っておけばよい」ということを示《しめ》しているのです。そして、法律に定められていないことについては、責任《せきにん》を問われたり、罪《つみ》を問われたりすることはないため、安心なのです。

ところが、あとから事後法で罰されるようなことがあると、やはり自由がなくなります。昔は、権力者が、あとからいくらでも法律をつくることができ、「遡《さかのぼ》って罰する」などということがありましたが、現代では、「法律は、規制のためだけではなく、実は、自由を担保《たんぽ》するためにも存在するのだ」という考え方があるわけですよ。

喜島　はい。生徒たちにも、「地獄に向かうようなことをしたならば、それは、かえって、あなたがたの自由が失われていくことになるんだよ」と言い、「自由」という言葉をキーワードとして、善悪を教えております。

大川　規則《きそく》には、もちろん、「その人自身を縛《しば》って、堕落《だらく》しないように支《ささ》える」という面もありますが、ほかの人も、同じように、「幸福な学園生活を送りたい」と思っているので、ほかの人たちの迷惑《めいわく》になるような行為《こうい》には、ある程度の規制が入るのは当然でしょうね。

喜島　はい。そうですね。

生徒指導《しどう》においては、「教導《きょうどう》」と「許《ゆる》し」との兼《か》ね合いを

大川　しかし、あまり規制が細かくなりすぎないように、少し気をつけなければいい

けない面はあると思います。

宗教は、みな、潔癖《けっぺき》になっていく癖《くせ》を一通り持っているのですが、宗教には、もう一つ、「許《ゆる》しの原理」というものが入っていることを忘《わす》れないようにしなければいけません。

小さなことを、あまり大きく取り上げすぎると、今度は一生が駄目になってしまうことがあるので、全人格否定《ぜんじんかくひてい》の方向には持っていかないようにしなければなりませんね。

確《たし》かに、なかには、悪いことをする人もいるでしょうが、子供《こども》の場合には、面白《おもしろ》半分でやっていることも数多くあるので、「そういうことをしたから、将来《しょうらい》も駄目だ」とは限《かぎ》らないところがあるんです。

例えば、企業家《きぎょうか》になるようなタイプの人は、いろいろなことを思いつきますが、思いつくことは、すべてがよいことばかりではなく、悪さも思いついてしまうわけです。「こういうことをしたら、面白いだろうな」と、いたずらも思いつくことがあるので、学校としては、当然、叱《しか》らなければいけませんが、それを全人格否定までで持っていってはいけないんですね。

喜島　そうですね。

六次元的に善悪を明確にして、「善を推《お》し進め、悪を押しとどめる」という、「教《きょう》導《どう》の怒《いか》り」を伴うような部分もありながら、その上の、七次元的な指導《しどう》の部分、「善悪を超《こ》えて、その人自身の可能《かのう》性や仏性《ぶっしょう》を肯定《こうてい》し、もし間違いを犯しても、反省を前提《ぜんてい》にして、もう一回、再起《さいき》のチャンスを与《あた》える」という部分も必要だと思います。

その両方を取り入れて、今までの公立学校の生徒指導にはない、宗教的生徒指導というものを、具体的に実現していかなければならないと考えているところです。

大川　そのへんの加減《かげん》は難《むずか》しいところですね。厳《きび》しすぎると、生徒のほうが萎縮《いしゅく》したり逃《に》げたりすることもあります。しかし、緩《ゆる》すぎてもいけません。宗教学校であっても、全然、生徒に注意もできないような学校も多々あるので、そのへんの兼《か》ね合いには実に難しいものがあります。

ただ、生徒数が増《ふ》えてくると、当然ながら、だんだん難しくなってくるでしょうね。

喜島　はい。そこで、今、まったく新しいスタイルの生徒指導のモデルをつくろうと、かなり意識《いしき》的にチャレンジしています。

学園の先生たちも、最初は、やはり、前にいた学校のスタイルでやろうとされるのですが、私は、「ただ悪を切るだけではいけない」ということを言っています。

仏は、すべての人を救おうとしておられるので、私たちの仕事も、ただ悪を悪として切るだけではなく、その人を救い、仏の方向に向かっていけるようになるところまで、きちんと面倒《めんどう》を見ていく必要があると思うのです。そういうことをしていこうと考えています。

〝北極星〟を指し示《しめ》しながら、実績《じっせき》をつくっていく

大川　いやあ、この一年半で、生徒だけではなく、喜島校長もずいぶん人格変化をしていますよね（会場笑）。もっと自由な人だったのに、一年半で、管理職《しょく》として、けっこう厳しくなったなあ。

喜島　（苦笑）いえいえ。

大川　校長の昔の姿《すがた》を生徒たちに言ったら、〝祟《たた》り〟が起きそうなぐらいの人格変

化だねえ。

喜島　やはり、学校には、いろいろな子が入ってきますから、「全員が仏の方向に向かっていく」ということを実現していくことが大事だと思っています。

大川　この前、「エンゼルプランV」（信仰《しんこう》をベースにした幼児《ようじ》教育機関）で、喜島校長の過去《かこ》を少しばらしてしまいました（二〇一一年九月二十五日の法話「上手な個性の伸ばし方」）。

法話のなかで、「以前、喜島さんが秘書《ひしょ》になってきたとき、うちの子の面倒を見てもらったら、『今日は土手を七キロ歩きました』とか、『芋掘《いもほ》りに連れていきました』とか、そんなことばかりして、子供を体力派《は》にされてしまった」という話をしてしまったんですが、申し訳《わけ》なかったね。

喜島　いえ。学園でも芋掘りはしておりますので……（会場笑）。

大川　ああ、そうですか（笑）。

喜島校長は、もともと体力派の自由な方なので、あまり生真面目《きまじめ》な話をするのを聞くと驚《おどろ》いてしまいますね。誰か、あなたを〝洗脳〟している人がいるんですか。

喜島　いいえ。そういうことは、まったくありません。ただ、学校では、いろいろなことが起こりますから。

大川　そうだねえ。クレームを、全部、受けなければいけないものなあ。

喜島　ええ。そのなかで、やはり、一点、「仏の方向」という〝北極星〟を持っていなければいけません。また、子供なので、その方向から外れるようなこともありますが、その場合には、「目指すべき方向は、こちらだよ」という指導をしなければいけないと思います。

大川　そういうこともあるでしょう。また、親御《おやご》さんのほうも、みなさん、それなりに〝うるさい〟ところがあるのではないですか。当会の信者は、真理を勉強しているので、普通《ふつう》の親よりも多少うるさいのではないでしょうか。どうですか。

喜島　はい。かなり激《はげ》しい突《つ》っ込みをされることもあります（会場笑）。

大川　口が立つ方が多いのでね。その力を伝道のほうに回していただけるとよいのですが、学園のほうに向かってくると大変なのではないですか。

喜島　正直なところ、そういうことも、なきにしもあらずですが、実績《じっせき》が出てくると、やはり、スーッと収《おさ》まりました。

大川　それはそうだろうね。

喜島　実績が出ていないうちは、親は、子供の言うことを、そのまま信じますので。

大川　聞いてしまうんですよね。

喜島　子供には、けっこう、自分に都合のいいように言う面があって……。

大川　そうそう。

喜島　自分に都合の悪い部分があっても、それは言わないこともあります。そのため、親御さんが、それを真《ま》に受けてしまい、「全部、学校が悪い」と言ってくる方もいます。

確かに、悪いところや十分ではないところはありますので、その部分については、できるだけスピーディーかつ丁寧《ていねい》に修正《しゅうせい》をかけていき、何とか持ちこたえながら、「とにかく実績を出していく」ということを実践《じっせん》していきました。その結果、実績ができてくると、収まるところは収まってきて、「やはり、うちの子が悪かった部分もあるのですね」という感じで、話が通じるようになってきたんです。

ところが、実績がない段階《だんかい》では、「ほかの子はできているのに、おたくの子ができないのは、やはり自己責任の部分もあるのではありませんか」ということが、なかなか言えませんでした。「そういうことが言えるか、言えないか」の境目《さかいめ》は、実績が出てき始めたあたりにありました。

「善悪《ぜんあく》の価値基準《かちきじゅん》」をきちんと教える

大川　学園では、ときどき、原始仏教教団《きょうだん》の「マーナッタ」（戒律を破《やぶ》った場合に、七日間の反省を命じられるもの）風に、一週間ぐらい反省をさせたりするようなことがあると聞いたので、「あれは大人に適用《てきよう》されるものだから、子供には少し厳しいかな」と思うところもあったんです。

娘《むすめ》の愛理沙《ありさ》が学園の中二にいるので、この前、会ったときに、「ああいう一週間の反省は厳しいのではないか」と訊《き》いたら、「ちょうどいいよ。もっと厳しくてもいいぐらいだよ」などと言っていたので、驚きました。

喜島　今の学校の生徒は、善悪《ぜんあく》の価値基準《かちきじゅん》を、きちんと教わっていないんですね。私たちの世代が教わった先生には、戦前生まれの人が多かったので、公教育のなかにも善悪の価値基準がしっかりと入っていました。ところが、今の生徒たちは、戦後生まれで、価値基準がないままに育ったような先生に教わっています。

特に、左翼《さよく》的な思想に基《もと》づいて、「善悪の価値基準には触《ふ》れてはいけない」というような風土のなかで育った先生が教えているので、子供たちのなかに善悪の価値基準がほとんど入っていないんです。

大川　そうだね。

喜島　「善悪の価値基準が、こんなに入っていないのか」と驚くほどです。ただ、それは全員ではありません。三パーセントから五パーセントぐらいです。

大川　二パーセントですか。

喜島　そういう子供たちに対しては、時間をかけて、善悪の価値基準を、本当にきちんと教えていく必要があるわけです。そういう現実に直面しています。

大川　喜島校長は元自由人ですが、「幸福の科学学園の理事長は、そういう人ではない」という説も一部にはあって……。

喜島　ええ。

大川　きついですか（会場笑）。

喜島　一時期、きつかったこともありますが（会場笑）、今は、かなり……。

大川　今は、かなり問題が解決されているので、「なるべく自宅《じたく》で勉強していてください」というような感じになっているのかな？

喜島　今は、こちらのほうで問題を引き受けて解決するようになっています。

大川　学園理事長は、学園を開くために、学校についての勉強をそうとうなされたそうですが、そうすると、自分が吸収《きゅうしゅう》したものを吐《は》き出したくなりますからね。

全部を吐き出されたら、それを受けるほうは、たまらないかもしれません。

喜島　やはり、受け取った上で、現場でできるものを絞《しぼ》り込んでいかなければなりませんので。

大川　そうだね。

喜島　先ほど、「善悪の価値基準が入っていないい

三パーセントから五パーセントの子への対策が必要だ」と申し上げました。全体として、ある程度のレベルまで行けば、そこで初めて、「自由にさせても一定のレベルよりも下には行かない」ということが担保されるのですが、まだ……。

大川　底上げのところがまだなんですね。

喜島　はい。今は、まだ、伝統をつくっている最中《さいちゅう》です。なかには、成績がよくても、その部分が十分に入っていない子がいます。

大川　それは今の特徴《とくちょう》でしょうね。昔は、勉強のよくできる子は、先生の片腕《かたうで》になって、いわば〝管理職〟としてクラスをまとめていたものですが、今のできる子は、勉強は塾《じゅく》でやっているので、学校のほうでは手を抜《ぬ》いてしまい、けっこう悪さをしていたりします。なかには、悪のグループのリーダーになっている場合もあり、昔とは少し違う様相を呈しているので、難しいんですよね。

喜島　はい。幸福の科学学園には、基本的には、小さいころから宗教教育を受けている子が多いので、九十五パーセントぐらいの子は大丈夫《だいじょうぶ》ですが、やはり、そういうところからの教育が必要な子もいることは事実です。そのため、私も、心ならずも、多少、厳しい面も出さざるをえないんです。

大川　「厳しい喜島さん」は想像《そうぞう》がつかないんですよね（会場笑）。

喜島　（笑）

大川　あなたが怒《おこ》られることは、よくあったと思うけれども（会場笑）、あなたが怒る姿は、あまり見たことがないのでね。

喜島　これには、「校長としての役割だ」と思って、やっているところもあります。厳しい面は一部であって、五パーセントぐらいです。

大川　そうですか。やはり、管理職として成長されているんですね。

司会　今、かなり生々しいお話がございました。

大川　生々しかったですね（会場笑）。そうとうＮＧが入るかな？

司会　ただ、お話を伺っていて、やはり、「教育のカリキュラムづくり」のところに、喜島校長ならではの自由性というか、創造的な面が出ていると思いました。

大川　出ているよね。

2　宗教《しゅうきょう》教育は素晴《すば》らしい

関西校の校長は、文系《ぶんけい》も理系も芸術《げいじゅつ》系もできる人

大川　（冨岡に）あなたは、芸術性《げいじゅつせい》のほうについては大丈夫《だいじょうぶ》なの？
もしかして、芸術性のほうの才能《さいのう》はない？

冨岡　分かりませんが、ただ、以前、自分の小中学校時代の通知表を見たところ、
美術は、ずっと「5」でした。

大川　おお！

冨岡　主要科目は、「3」や「4」もありましたので……。

大川　（拍手《はくしゅ》する）そうか、そうか。そういうことは、全然、知りませんからね。ああ、そうですか。

冨岡　ただ、もう、その片鱗《へんりん》を留《とど》めないぐらい、〝自己変革《じこへんかく》〟をしてしまったように思います（会場笑）。

大川　でも、そういう能力があるのはよかった。

冨岡　もともとは、そちらの能力もあるのではないかと思います。

大川　では、「いちおう一通りのことはできて、オールラウンドに行ける」ということですね。

冨岡　はい……。

喜島　彼は文系《ぶんけい》も理系も両方できますからね。

大川　文系も理系も芸術系も、みな行けるんですね（会場笑）。

冨岡　いえ……。

大川　それは、いいですね。

海外では「宗教《しゅうきょう》教育は当たり前」と考えられている

冨岡　宗教教育《しゅうきょうきょう》のところに関して、特に関西校の場合には、那須《なす》本校に比べ、やや顕教《けんぎょう》部門とも言うべき使命があると思います。

しかし、日本の教育の現状《げんじょう》を考えますと、まだまだ唯物論《ゆいぶつろん》教育が非常《ひじょう》に強くて、例えば、私立《しりつ》系の宗教学校についての知識《ちしき》がまったく欠落している方や、宗教の知識がまったく入っていない方などが大勢《おおぜい》いらっしゃいます。

また、残念ながら、幸福の科学のことを、オウムに近いような感覚で見ている方も、たまにいらっしゃいます。

その点については、ぜひ、関西校において、よい教育をし、宗教教育の大切さ、素晴《すば》らしさを、日本の教育界に早く浸透《しんとう》させる使命を果たしていきたいと思います。

大川　関西校の近くにある京都は、お寺がいちばん多い所なのに、意外に左翼《さよく》の牙《が》城《じょう》なのです。あれは、左翼というよりも、アンチ都会派《は》というか、アンチ東京というか、アンチ発展《はってん》派なんでしょうね。

「古いものを維持《いじ》したい」というのも環境《かんきょう》左翼的な考えなのかもしれませんが、京都では左翼が非常に強く、「赤旗《あかはた》」を普通《ふつう》に取っていても恥《は》ずかしくないのは全国で京都ぐらいですよね。

だから、意外に、お寺やキリスト教系でも左翼系の人がわりに多いんですよ。何か弾圧《だんあつ》されたりして、被害《ひがい》意識を持ったことがあると、そのようになるのかもしれませんけどね。

冨岡　また、世界の状況《じょうきょう》を見ると、もちろん、「自由の哲学《てつがく》」を中心に据《す》えていない宗教もありますが、最近、いろいろと調べてみたところ、海外では宗教教育は当たり前であり、公立の小中学校の義務《ぎむ》教育で宗教科を設《もう》けている国もかなりありました。

イギリスやドイツ、インドネシア、タイなどでは、明確《めいかく》に宗教科を設け、義務教育で教えています。それ以外の国も、宗教科ではないものの、社会科等のなかで、宗教について、きちんと教えている国が大半です。

過去《かこ》に、あのオウムが流行《はや》ったのは日本と旧ソ連のロシアでしたが、要は、両方とも、義務教育で宗教を教えていなかった国なんです。

大川　そうだね。

冨岡　やはり、「宗教的知識の真空状態《じょうたい》のようなものが、今の日本の現状を招《まね》いている」ということを非常に強く感じます。

この部分について、根本《こんぽん》から日本を立て直していくことが、幸福の科学の使命であり、幸福の科学学園の使命であると思っています。

大川　最近の月刊《げっかん》「ザ・リバティ」（幸福の科学出版刊）のアンケート調査《ちょうさ》の記事を見ても、「無神論、唯物論の人は、中国よりも日本のほうが多く、日本は世界最低水準《すいじゅん》だった」という、ショッキングな結果が出ていましたね。

アメリカにも政教分離規定《せいきょうぶんりきてい》はあるけれども、公立の小中学校ではさまざまな宗教に対して配慮《はいりょ》をしながら宗教教育を行っているんです。事実上の国教はプロテスタントのキリスト教ですから、公教育のなかにも、いちおう、その精神《せいしん》が入っているんですよね。

「日本は、アメリカに負けたため、アメリカに無宗教国家にされた」という考えもありますが、実は、きちんとアメリカをまねていない部分があるんですよ。これは、どこかで勘違《かんちが》いをしているのではないかと思います。

冨岡　二〇〇一年の「九・一一」のあとも、国連や欧州《おうしゅう》会議といった国際組織《こくさいそしき》のほうでは、世界のあらゆる国に対して、「学校で宗教教育を導入するように」という働きかけをしております。

大川　うんうん。

冨岡　日本の場合には、オウム事件《じけん》などが起きると、すぐに宗教法人法を改正したり、「『触《さわ》らぬ神に祟《たた》りなし』だ。学校で宗教教育を行うなど、とんでもない」というような感じになったりしがちです。

ところが、諸《しょ》外国では、その逆《ぎゃく》で、何か宗教上の問題が起きたならば、「宗教教育がもっと必要だ。学校で教えるべきだ」という反応《はんのう》をしています。

やはり、宗教に対して性善説《せいぜんせつ》をとっていて、「宗教は人間にとって本当に大事なものだ」と考えるカルチャーであるのか、それとも、「宗教はアヘンである」という刷り込《こ》みが入っているカルチャーであるのか、この違いには、非常に大きいものがあると感じています。

宗教《しゅうきょう》を受け入れられなければ、国際化《こくさい》はできない

大川　アメリカも、「九・一一」のテロ事件以降《いこう》、イスラム系の人の入国に対しては非常に厳《きび》しい審査《しんさ》をしているようではあります。靴《くつ》まで脱《ぬ》がせて丁寧《ていねい》に調べていますが、それでも、アメリカのイスラム系の人口は増《ふ》えているんですよ。現在《げんざい》、アメリカには、イスラム教徒が六百万人か八百万人ぐらいはいるはずで、祈《いの》っているイスラム教徒の姿《すがた》があちこちで見られます。アメリカはイスラム系に対して厳しいことを言っていますが、実際《じっさい》には何百万人ものイスラム教徒がいるわけです。

しかし、日本では五万人ぐらいしかいないと思います。外国人が入ってくることに対して、日本は、ものすごく厳しく、まだ鎖国《さこく》状態にあると言えます。

「本当に国際化する」ということは、実は、「宗教化《しゅうきょう》する」ということと同義なんですよ。それは、同時に、「多元的な宗教を、ある程度《ていど》、受け入れなければいけない」ということも意味しているので、いろいろな宗教を受け入れるだけのキャパシ

ティーがなければ、そもそも国際化はできないんです。

例えば、今の中国は、国が大きくなりすぎ、ある意味で国際化はできていないんですよ。あの十三億の国を一元管理することなど、できるはずがないのです。でも、いろいろな考え方によって国がバラバラになるのが怖《こわ》くて、まだ一党独裁《とうどくさい》で頑張《がんば》っていいます。そうはいっても、いずれは、いったん崩《くず》れたあとで立て直さなければいけなくなるでしょうね。

やはり価値《かち》観は多様であるべきです。そうでなければ、極端《きょくたん》に不幸な人が出てきます。軍部の人たちは、国がバラバラになるのを抑《おさ》えようとして一生懸命《いっしょうけんめい》にやっているのでしょうが、「そろそろ限界《げんかい》が来ているのではないか」という感じはします。

つまり、国際化しようとしているため、自分たちのその方針《ほうしん》によって自分たちが敗れようとしているのです。国際化することは宗教化することですし、宗教化することは、多元的な宗教を受け入れることに必ずなるんですよ。

国際社会で認《みと》められようとしたら、必ず、そのようになってきます。

冨岡　宗教教育のうち、宗教知識教育については、現状でも公立学校でできますし、むしろ逆に推奨《すいしょう》されているような状況なので、可能性《かのうせい》としては開かれていると思います。
　あとは、「宗教教育の素晴らしさ」というものが目に見えて実感できるような、具体的なものができれば、世の中を変えていく力になっていくと思いますので、ぜひ頑張っていきたいと思います。

3　幸福の科学学園を教育のモデルに

「幸福の科学学園に学ぼう」という気運が出始めている

大川　これは、宗教法人《しゅうきょうほうじん》（幸福の科学）や政党《せいとう》（幸福実現党《じつげんとう》）も含《ふく》めての大きな戦いにもなるかもしれません。全体を一度に変えることはできないでしょうが、少なくとも、誰《だれ》もが参考にできるモデルのようなものをつくり、「このようにすればよいのだ」ということが分かるかたちにすれば、それを広げていくことは可能《かのう》だと思いますね。

喜島　那須《なす》本校のほうでは、「幸福の科学学園ができて、けっこう成果が出ているらしい」ということで、先日、那須町の校長会の代表の方が四人、幸福の科学学園を視察《しさつ》に来られ、授業《じゅぎょう》を参観されました。探究創造《たんきゅうそうぞう》科を含めた学園の教育システムを学んでいかれて、「これは本当に参考になります」と言っておられました。

また、不登校などの問題で悩《なや》んでいた校長の方からは、「そういう傾向《けいこう》のある子《こ》供《ども》に対して、どのように指導《しどう》したらよいのか」という質問《しつもん》を受けたりもしました。

幸福の科学学園は、実際に「いじめ事件」がきっかけとなってできた学校なので、いじめによる不登校が何百日あったとしても、その子を受け入れています。そして、受け入れられた子供たちは、過去《かこ》の心の傷《きず》を癒《いや》しながら、勉強でも生活でも本当に

喜島校長による、探究創造科の授業風景。

生き生きと過《す》ごしています。

そのようなことをお話しし、そういう内容《ないよう》が載《の》っている『高貴《こうき》なる義務《ぎむ》を果たせ』（学校法人 幸福の科学学園編、幸福の科学出版刊）という書籍《しょせき》を献本《けんぽん》したり、それと一緒《いっしょ》に『教育の法』（大川隆法著、幸福の科学出版刊）を献本したりすると、みなさん、非常《ひじょう》に喜んで受け取っていかれます。

校長会では、「これは、ぜひ教頭のみなさんにも見せなければいけない」ということになり、今度は那須町の教頭会の方々が十七人ぐらいで見学に来られます。

大川　そうですか。

喜島　幸福の科学学園の影響《えいきょう》が、すでに、そういうところでも出始めていると思います。

仏法真理《ぶっぽうしんり》を学ぶことで「真の教養人」が育つ

大川　幸福の科学学園のすごいところは、中学・高校の生徒であっても、私の法話《ほうわ》を聴《き》いたり、私の著書《ちょしょ》を読んだりして、仏法真理《ぶっぽうしんり》の勉強をしている点にあります。

それによって大人の教養が十分に入っており、実は大学生レベルを超《こ》えている部分があるんですよ。仏法真理には、大人としての教養というか、真の教養の部分が含まれているので、価値判断《かちはんだん》やものの考え方において、通常の中学・高校のカリキュラムでは教えられないものが身につくのです。

先ほども言いましたが、これが、ある意味で、外国に出たとき、十分にディベートができる素地《そじ》になると思うんです。

こういう教養の中身のない人間は、英語だけは使えても、実は外国人と話ができないんですよ。学園では、その中身をつくろうとしているので、子供であっても、おそらく大人を超えた部分があると思いますね。

喜島　そうですね。「主の教えを一生懸命《いっしょうけんめい》に学ぶ」ということを通して、普通《ふつう》の教育や進学教育でも育てられない「教養人」が育ちつつあると思います。幸福の科学学園がそのモデルとなり、小さなところから教育改革《かいかく》の端緒《たんしょ》がすでに開《ひら》けてきていると言えます。

大川　今、宗教学者たちのなかでは、「幸福の科学は教養宗教だ」というような認《みと》められ方をしているんですよ。

例えば、私が若《わか》いころに出した霊言集《れいげんしゅう》では、各霊人《れいじん》が、自由に、好きなことを、いろいろと語っていましたが、最近の霊言では学問的精度《せいど》が上がっているため、「専門《せんもん》的な教養書としても十分に読める」と言われています。これは数十年の積み重ねの差であると思いますね。

もっとも、初期の一九八七年に出した『黄金の法』（現在は幸福の科学出版刊）は、すでに、「この本は東大の教養学部のレベルぐらいには行っているので、授業で使えますね」と言われました。

今は、そのころよりも、さらに精度が進んでいます。政治や経済《けいざい》、歴史などの対《たい》策《さく》や分析《ぶんせき》等、いろいろな面で、そうとう精度が上がっていて、マスコミの人たちも参考にしているようなところがあります。

最近、野田総理《そうり》について分析した本（『沈《しず》みゆく日本をどう救うか――野田佳彦《よしひこ》総理のスピリチュアル総合分析』〔幸福実現党刊〕）を出したら、そのあと、いっせいに、マスコミによる、野田総理への攻撃《こうげき》が始まって、野田内閣《ないかく》の余命《よめい》が測《はか》られてしまったようなところがあります。マスコミは、「野田総理批判《ひはん》のゴーサインが出た」と考えて、急に厳《きび》しい批判を始めたようです。

宗教的な話になりますが、昨夜（九月二十八日）、生霊《いきりょう》と化した野田総理の守護《しゅご》霊《れい》が私のところにやってきて、「攻撃が激《はげ》しすぎるので助けてください。まだ野田内閣は始まったばかりで、一カ月もたっていないのに、攻撃がきつすぎます」と言ってきました。

彼は、アメリカへ行って国連総会に出席し、外交で少し点数を稼《かせ》いで、人気を上げて帰ってくるつもりだったのに、帰ってきたら、「百日ルールなどあったものではない」という感じで総攻撃が始まってしまいました。

それで、彼の守護霊から、「その原因《げんいん》は、あなたがたのほうにあるのだから、攻撃の手を緩《ゆる》めるのも、あなたがたの仕事です。私は、どちらかといえば幸福の科学のシンパであり、幸福の科学の本を読んで勉強しているぐらいなのだから、あなたがたの本で、もう少し攻撃を緩めるような方向のことを言ってほしい」と哀願《あいがん》されました。

そこで、私は、「私たちは公正中立であり、客観的に判断しているだけです」と答えたのです。

ただ、「守護霊がすぐに来た」というのは反応《はんのう》が早いですね。菅《かん》氏の守護霊の場合には、総理を辞《や》める一カ月前ぐらいの政権《せいけん》末期に来ましたが、野田氏の守護霊の場合、内閣がスタートして一カ月以内にやってきたところを見ると、松下幸之助《まつしたこうのすけ》さんによる批判も、かなりきつかったのかもしれません。

松下政経塾《じゅく》のほうでは内乱《ないらん》の雰囲気《ふんいき》

がかなり漂《ただよ》ってきているらしく、「幸福の科学は怖《こわ》い団体《だんたい》だ」と思われている面も一部にはあるようです。しかし、私たちは真理に基《もと》づいて批判を加えているのであり、別に、「好き嫌《きら》いか」とか、「敵《てき》か味方か」とか、そういう考えでやっているわけではないのです。

また、当会が説いていることは哲学《てつがく》でもあります。

ソクラテスは、宇宙人《うちゅうじん》については何も言っていませんが、霊界《れいかい》、あの世の世界や転生輪廻《てんしょうりんね》については、ソクラテスの哲学のなかにピシッと説かれていて、プラトンの『国家』などに、きちんと書いてあります。

最初のオリジン（起源《きげん》）の哲学には宗教の部分は完璧《かんぺき》に入っていて、アリストテレス以降、それが少し薄《うす》まっただけなのです。したがって、哲学のオリジンに戻《もど》れば、当会が説いていることは哲学でもあるのです。ソクラテスの哲学が学問の基《もと》であるように、幸福の科学の教えは諸学《しょがく》の基なんですよ。

そういう意味で、恥《は》じることは何もないと思います。霊界の話などは、ソクラテスもきちんと言っていることなのです。

幸福の科学学園は「希望」であり、「宝《たから》」である

司会　今日は、本当に、さまざまな話題が飛び出しました。そのなかには、今の幸福の科学学園に通う生徒の姿《すがた》が目に浮《う》かぶようなお話もあり、大人である私も「学園に入りたい」と思うほどでした。

未来創造のための肝《きも》である教育に関して、お三方からお話を頂《いただ》きましたが、最後に、大川総裁《そうさい》から、一言《ひとこと》、お願いできればと思います。

大川　幸福の科学学園は本当に私の「希望」です。潰《つぶ》れることなく、連綿《れんめん》と卒業生を出し続けてほしいと思います。

那須精舎《しょうじゃ》の境内《けいだい》には大ストゥーパ（仏塔《ぶっとう》）があり、私の遺骨《いこつ》はそこに入る予定になっておりますので、私は、この世を去っても学園生をずっと見守るつもりでおり

ます。本当に「学園生に未来を託《たく》したい」と思っています。

もう、われわれの世代にできることは、そう多くはないと思います。私だけではなく、校長のあなたがたも含めて、そう多くはないでしょう。初期の立ち上げぐらいまでしかできません。

しかし、あとから来る者には、もっともっと大きな力を持ち、大きな影響力を持ち、日本や世界を変えていく力を持ってほしいですね。そのような「大きな希望」を持っています。

私たちは、本当に、最初の部分、畑一つを耕《たがや》す程度《ていど》の仕事しかできないでしょう。しかし、「気持ちは、この世に留《とど》めおかん」というところ

総本山・那須精舎より、幸福の科学学園大川隆法記念講堂を望む。

はあります。

まあ、私にとって学園は「宝《たから》」ですね。

司会　ありがとうございました。

以上をもちまして、「幸福の科学学園の未来型教育」をテーマにした、お三方の鼎談《ていだん》を終了《しゅうりょう》いたします。本日は、どうもありがとうございました。

喜島・冨岡　ありがとうございました。

大川　はい。ありがとうございました（会場拍手《はくしゅ》）。

あとがき

私は日本に真のエリート校を創《つく》り、世界の模範《もはん》としたいという気概《きがい》に満ちている。

本書の末尾《まつび》で語った通り、『幸福の科学学園』は、私の『希望』であり、『宝』でもある。

世界を変えていく、多才《たさい》かつ多彩《たさい》な人材が、今後、数限りなく輩出《はいしゅつ》されていくことだろう。

二〇一三年に関西校、そして二〇一六年の幸福の科学大学の創設に向けて力強く前進を続けてゆきたい。本書をきっかけとして、数多くの方々に『幸福の科学学園』の理想を理解して頂くとともに、宗教をバックボーンにした教育がどれほど大切か、理解して頂ければ幸いである。

最後に鼎談《ていだん》に参加して下さった喜島《きじま》校長、冨岡《とみおか》校長（予定）らは、私と一緒《いっしょ》に二十年以上働いている東大の後輩でもある。創立者の真意は十分に託せるに足る人材だと思う。有難う。

二〇一一年　十月十一日

幸福《こうふく》の科学《かがく》グループ創始者兼総裁《そうししゃけんそうさい》
幸福《こうふく》の科学学園創立者《かがくがくえんそうりつしゃ》
大川隆法《おおかわりゅうほう》

『幸福の科学学園の未来型教育』大川隆法著作参考文献

『教育の法』（幸福の科学出版刊）
『真のエリートを目指して』（同右）
『沈みゆく日本をどう救うか』（幸福実現党刊）

幸福《こうふく》の科《か》学学園《がくがくえん》の未《み》来型《らいがた》教育《きょういく》

――「徳ある英才」の輩出を目指して――

2011年11月７日　初版第１刷

著　者　　大《おお》　川《かわ》　隆《りゅう》　法《ほう》

発行所　　幸福の科学出版株式会社

〒142-0041 東京都品川区戸越１丁目６番７号
TEL(03)6384-3777
http://www.irhpress.co.jp/

印刷・製本　株式会社 堀内印刷所

落丁・乱丁本はおとりかえいたします

ISBN978-4-86395-157-0 C0037

教育の法

法シリーズ最新刊

信仰と実学の間で

深刻ないじめの問題の実態と解決法や、尊敬される教師の条件、親が信頼できる学校のあり方など、教育を再生させる方法が示される。日本の教育に疑問を持つ、すべての人々に捧げる一冊。

第1章　教育再生
第2章　いじめ問題解決のために
第3章　宗教的教育の目指すもの
第4章　教育の理想について
第5章　信仰と教育について

1,800円

救世の法

法シリーズ16作目

信仰と未来社会

信仰を持つことの功徳や、民族・宗教対立を終わらせる考え方など、人類への希望が示される。地球神の説くほんとうの「救い」とは——。あなたと世界の未来がここにある。

第1章　宗教のすすめ
第2章　導きの光について
第3章　豊かな心を形成する
第4章　宗教国家の条件
第5章　信仰と未来社会
第6章　フォーキャスト（Forecast）

1,800円

※表示価格は本体価格（税別）です。

大川隆法 ベストセラーズ・キラリと光る自分になる

真のエリートを目指して

努力に勝《まさ》る天才なし

幸福の科学学園で、生徒たちを前に説かれた4回の法話を収録。「学力を伸ばすコツ」「勉強と運動を両立させる秘訣」など、未来を拓く心構えや勉強法が満載。

第１章　信仰と天才
第２章　勉強と心の修行
第３章　心と霊界の関係
第４章　真のエリートを目指して

1,400円

知的青春のすすめ

輝く未来へのヒント

夢を叶えるには、自分をどう磨けばよいのか？「行動力をつける工夫」「高学歴女性の生き方」など、Q&Aスタイルで分かりやすく語り明かす。

1,500円

青春の原点

されど、自助努力に生きよ

英語や数学などの学問をする本当の意味や、自分も相手も幸福になる恋愛の秘訣など、セルフ・ヘルプの精神で貫かれた「青春入門」。

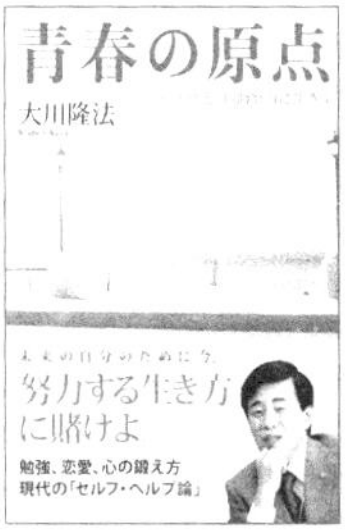

1,400円

幸福の科学出版

大川隆法ベストセラーズ・新時代をつかむために

公開対談

幸福の科学の未来を考える

すべては愛からはじまる

大川隆法／大川宏洋　著

幸福の科学の未来について、父と息子が本音で語り合った公開対談。実体験を交えた学校教育の問題点なども明かされる。

第１章　映画「仏陀再誕」をめぐるエピソード
第２章　宗教と教育の真の関係
第３章　日本から世界と宇宙を見る
第４章　若者へ贈る未来へのメッセージ

1,300円

父と娘のハッピー対談

未来をひらく教育論

大川隆法／大川咲也加　著

時代が求める国際感覚や実践的勉強法など、教養きらめく対話がはずむ。世代を超えて語り合う、教育の正しいあり方。

第１章　歴史の読み解き方
第２章　世界に誇れる日本をつくろう
第３章　世界を見据える広い視野を持とう
第４章　コツコツ型勉強法
第５章　子供の個性を伸ばす教育
第６章　幸福の科学学園が目指すもの

1,200円

※表示価格は本体価格（税別）です。

大川隆法 ベストセラーズ・霊言シリーズ

大隈重信が語る
「政治の心・学問の心」

覇気のある政治家をつくれ！
早稲田大学の創立者・大隈重信が、
迷走する政界と停滞する教育界に
物申す。

1,300円

福沢諭吉霊言による
「新・学問のすすめ」

現代教育界の堕落を根本から批判し、「教育」の持つ意義を訴える。さらに、未来産業発展のための新たな指導構想を明かす。

1,300円

霊性と教育
公開霊言 ルソー・カント・シュタイナー

なぜ、現代教育は宗教心を排除したのか。天才を生み出すために何が必要か。思想界の巨人たちが、教育界に贈るメッセージ。

1,200円

発売　幸福の科学出版

Noblesse《ノーブレス》 Oblige《オブリージ》 「高貴なる義務」を果たす、「真のエリート」を目指せ。

幸福の科学学園

中学校・高等学校（那須本校）

Happy Science Academy Junior and Senior High School

「私は、
教育が人間を創ると
信じている一人である。
若い人たちに、
夢とロマンと、精進、
勇気の大切さを伝えたい。
この国を、全世界を、
ユートピアに変えていく力を
出してもらいたいのだ。」

（幸福の科学学園 創立記念碑より）

幸福の科学学園 創立者

大川隆法

幸福の科学学園とは

幸福の科学学園は、幸福の科学の教育理念のもとにつくられた、全寮制の中学校・高等学校（那須本校）です。自由闊達な校風のもと、「高度な知性」と「徳育」を融合させ、社会に貢献するリーダーを養成することを目指しています。2011年4月に、開校一周年を迎えました。

教育の特色

「徳ある英才」の創造

教科「宗教」で真理を学び、行事や部活動、寮を含めた学校生活全体で実修して、ノーブレス・オブリージ(高貴なる義務)を果たす「徳ある英才」を育てていきます。

毎朝夕のお祈りの時間

天分を伸ばす「創造性教育」

教科「探究創造」で、偉人学習に力を入れると共に、日本文化や国際コミュニケーションなどの教養教育を施すことで、各自が自分の使命・理想像を発見できるよう導きます。さらに高大連携教育で、知識のみならず、知識の応用能力も磨き、企業家精神も養成します。芸術面にも力を入れます。

探究創造科発表会

一人ひとりの進度に合わせた「きめ細やかな進学指導」

熱意溢れる上質の授業をベースに、一人ひとりの強みと弱みを分析して対策を立てます。強みを伸ばす「特別講習」や、弱点を分かるところまでさかのぼって克服する「補講」や「個別指導」で、第一志望に合格する進学指導を実現します。

授業の様子

自立心と友情を育てる「全寮制」

寮は、真なる自立を促し、信じ合える仲間をつくる場です。親元を離れ、団体生活を送ることで、縦・横の関係を学び、力強い自立心と友情、社会性を養います。

体育祭

進学指導

1 英数先行型授業

受験に大切な英語と数学を特に重視。「わかる」（解法理解）まで教え、「できる」（解法応用）、「点がとれる」（スピード訓練）まで繰り返し演習しながら、高校三年間の内容を高校二年までにマスター。高校二年からの文理別科目も余裕で仕上げられる効率的学習設計です。

2 習熟度別授業

英語・数学は、中学一年から習熟度別クラス編成による授業を実施。生徒のレベルに応じてきめ細やかに指導します。各教科ごとに作成された学習計画と、合格までのロードマップに基づいて、大学受験に向けた学力強化を図ります。

3 基礎力強化の補講と個別指導

基礎レベルの強化が必要な生徒には、放課後や夕食後の時間に、英数中心の補講を実施。特に数学においては、授業の中で行われる確認テストで合格に満たない場合は、できるまで徹底した補講を行います。さらに、カフェテリアなどでの質疑対応の形で個別指導も行います。

4 特別講習

夏期・冬期の休業中には、中学一年から高校二年まで、特別講習を実施。中学生は国・数・英の三教科を中心に、高校一年からは五教科でそれぞれ実力別に分けた講座を開講し、実力養成を図ります。高校二年からは、春期講習会も実施し、大学受験に向けて、より強化します。

授業の様子

仏法真理塾

サクセスNo.1

未来の菩薩を育て、仏国土ユートピアを目指す！

「サクセスNo.1」のねらいには、「仏法真理と子どもの教育面での成長とを一体化させる」ということが根本にあるのです。

大川隆法総裁　御法話「『サクセスNo.1』の精神」より

仏法真理塾「サクセスNo.1」とは

宗教法人幸福の科学による信仰教育の機関です。信仰教育・徳育にウエイトを置きつつ、将来、社会人として活躍するための学力養成にも力を注いでいます。

サクセスNo.1 東京本校（戸越精舎内）

信仰教育が育む健全な心

御法話拝聴や祈願、子ども向け冊子の学習会などを通して、仏の子としての「正しい心」を学びます。

学業修行で学力を伸ばす

忍耐力や集中力、克己心を磨き、努力によって道を拓く喜びを体得します。

法友との交流で友情を築く

塾生同士の交流も活発です。お互いに信仰の価値観を共有するなかで、深い友情が育まれます。

入会のご案内

あなたも、幸福の科学に集い、
ほんとうの幸福を
見つけてみませんか？

幸福の科学では、大川隆法総裁が説く仏法真理をもとに、「どうすれば幸福になれるのか、また、他の人を幸福にできるのか」を学び、実践しています。

入会

大川隆法総裁の教えを学ぼうとする方なら、どなたでも入会できます。入会された方には、『入会版「正心法語」』が授与されます。（入会の奉納は1,000円目安です）

ネットでも**入会**
できます。詳しくは、
下記URLへ。
http://www.hs-group.org/

三帰《さんき》誓願《せいがん》

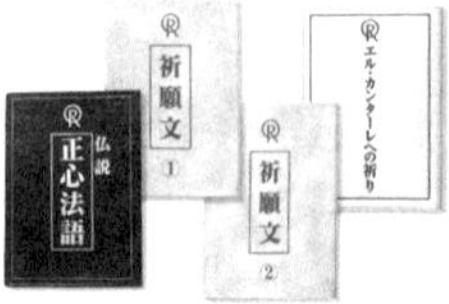

仏弟子としてさらに信仰を深めたい方は、仏・法・僧の三宝への帰依を誓う「三帰誓願式」を受けることができます。三帰誓願者には、『仏説・正心法語』『祈願文①』『祈願文②』『エル・カンターレへの祈り』が授与されます。

植福《しょくふく》の会

植福は、ユートピア建設のために、自分の富を差し出す尊い布施の行為です。布施の機会として、毎月1口1,000円からお申込みいただける、「植福の会」がございます。

「植福の会」に参加された方のうちご希望の方には、幸福の科学の小冊子（毎月1回）をお送りいたします。詳しくは、下記の電話番号までお問合せいただくか、宗教法人幸福の科学公式サイトをご確認ください。

月刊
「幸福の科学」

ザ・伝道

ヤング・ブッダ

ヘルメス・
エンゼルズ

INFORMATION	**幸福の科学サービスセンター** **TEL. 03-5793-1727**（受付時間 火～金：10～20時／土・日：10～18時） 宗教法人 幸福の科学 公式サイト **http://www.happy-science.jp**